말맛이 살고 글맛이 좋아지는 어맛!

EBS 초등
한국사 어휘 맛집

글 홍옥 | 그림 뿜작가

EBS BOOKS

한국사 공부, 어휘부터 차근차근 시작하세요!

초등학교 5학년에 들어서면 사회 교과서에서 '한국사'를 배우게 됩니다. 저학년 때까지는 역사를 옛이야기 형식으로 재미있고 조금은 가볍게 만났을 거예요. 하지만 고학년이 되어 교과서에서 역사적 사실과 설명, 의의에 관해 배우다 보면 조금 당황할지도 모릅니다. 역사 관련 개념과 용어들이 낯설기도 하고, 핵심 어휘 대부분이 한자어로 이루어져 있어 그 뜻을 단번에 이해하지 못하는 일이 생기거든요. 그럴 경우, 자칫 역사 공부가 어렵고 지루하다고 느껴져 흥미를 잃을 수도 있습니다.

　모든 공부가 그렇지만, 역사도 기초 어휘가 뒷받침되면 좀 더 쉽게 접근할 수 있습니다. 사회 교과서나 역사책을 살펴보면 주요 사건과 상황 등을 설명할 때 반복되는 어휘가 있어요. 시대별로 꼭 알아야 할 용어와 개념들도 등장합니다. 이러한 어휘의 뜻과 쓰임을 알고, 개념을 잘 이해해 놓으면 역사가 보다 쉽고 재미있게 느껴질 거예요. 무엇보다 공부하는 데 자신감이 생긴답니다.

　《어맛! 한국사 어휘 맛집》은 역사 공부를 할 때 기본으로 알아 두면 좋을 어휘들을 시대별로 추려서 엮었습니다. 아울러 주요 사건과 핵심 용어는 간단한 설명과 문장으로 풀어냈습니다. 어휘 중심의 책이라서, 역사적 사실과 사건을 자세하게 다룬 여느 한국사 책과는 차이가 있습니다. 이 책은 역사책에서 만나는 어휘들이 역사에만 한정해 쓰이는 게 아니라, 우리가 여러 분야에서 두루두루 활용하는 어휘란 사실을 알려 주기도 합니다. 그런 면에서는 일종의 '한국사 사전'으로 활용해도 좋습니다. 다른 과목을 공부할 때나 좀 더 수준 높은 한국사를 공부하는 데에 도움이 될 것입니다.

　어휘를 많이 알면, 역사적 사건과 시대상을 수월하게 이해하고 역사가 가지는 의미에 관해서도 깊이 있게 생각할 수 있습니다. 그 과정에서 한국사의 흐름까지 자연스럽게 파악하게 되고요. 흔히 역사는 과거를 바탕으로 현재를 이해하고 미래를 내다보는, 우리에게 꼭 필요한 학문이라고 합니다. 그 뜻깊은 배움을 위해 어휘 실력부터 차근차근 쌓아 보세요. 분명히 좋은 결실을 맺을 거예요.

차례

1장

선사 시대 ~ 후삼국 시대

어쩌다 선사 시대…10
진짜 신화…14
싸움의 전성기…18
나는야 드론 박사…22
멍구의 신분…26
가로세로 십자말풀이❶…30
동맹 불발…32
방수 연합군…36
방이의 해상권…40
멍구의 계승 정신…44
우호적인 사람…48
가로세로 십자말풀이❷…52

2장

고려 시대 ~ 조선 시대

포용 말고 포옹…56
독자적 문제…60
협상 결렬…64
민초단의 모의…68
출세한 멍구…72
가로세로 십자말풀이❸…76
충효의 농구부…78
거사 아닌 거사…82
육의전이면?…86
엉뚱한 회유책…90
중립의 자세…94
가로세로 십자말풀이❹…98
변질된 탕평…100
진정한 쌍벽…104
과감한 결정…108
수지와 국제 통상…112
캠핑의 만행…116
가로세로 십자말풀이❺…120

3장

근대와 현대

의사와 열사…124
주모자는 누구?…128
왜곡하지 마!…132
남침과 똥침…136
그리운 이산가족…140
타도의 이유…144
텃밭의 비상사태…148
가로세로 십자말풀이 ❻…152

4장

유물과 유적

어쩌면 문화유산…156
멍구의 발굴…160
반가 사유상처럼…164
대단한 묘사력…168
유출된 문화재…172
가로세로 십자말풀이 ❼…176

✱ 십자말풀이 정답…178
✱ 어휘 찾아보기…180

EBS 초등  시리즈는?

어휘력이 좋으면 공부가 재미있어지고, 말솜씨와 글솜씨 모두 좋아져요.
〈EBS 초등 어맛 시리즈〉는 재미있는 어휘 뜻풀이와 문장 활용을 통해
어린이들의 표현력과 문장력을 길러 줄 거예요.
맛있는 음식을 먹고 기분이 좋아지는 것처럼, 다양한 어휘와 표현을 맛보면서
풍요로운 언어생활을 즐겨 보세요.

등장인물

수지

마음이 맑고, 머리는 더 깨끗한 소녀.
씩씩하고 당찬 성격에, 농구부 주장이다.
전학생 방이를 농구부에 영입하려는
계획이 있다. 초록과 단짝이다.

초록

농부의 꿈을 간직하고 있다.
텃밭을 가꾸고 있으며, 머릿속에
농사에 관한 생각뿐이다.
유기농 채소를 좋아하고, 수지의
장사 수완을 눈여겨보는 중이다.

수동

수지의 네 살 터울 남동생.
로봇과 드론을 좋아하고,
민트초코를 사랑한다.
한글을 아직 못 뗐다.

방이

사춘기가 오락가락하는 전학생.
혼자 먼 곳을 보며 생각하는 걸
즐기는데, 수지와 친구들의 방해를
받곤 한다. 고양이와 민트초코를
좋아하며, 감투에 대한 욕심이 있다.

진구

역사 지식이 해박하고, 설명도 잘한다.
반려견 멍구에게 무시당하기 일쑤지만
그러려니 한다. 멍구의 뱃살이 걱정이라
다이어트를 계획하는데, 수지가 반대한다.

멍구

진구네 반려견. 진구를
집사라고 생각하며,
무시하는 편이다.

선사 시대 (먼저 先 + 역사 史 + 때 時 + 대신할 代)
기록이 남아 있지 않은 시대.

→ **선사 시대**와 역사 시대를 나누는 기준은 '문자 사용'에 있어요.

우리가 아주 오래전 역사를 알 수 있는 이유는, 바로 문자를 통한 기록이나 흔적이 남아 있기 때문이에요. 기록이 남아 있지 않은 선사 시대는 '석기 시대'와 '청동기 시대'예요. 그 이후부터는 문자로 쓰인 자료가 있어서 '역사 시대'라고 구분해요.

구석기 시대
(옛 舊 + 돌 石 + 그릇 器)
70만 년에서 1만 년 전에 해당하는 시기로, 뗀석기를 사용한 시대.

→ 한반도에는 **구석기 시대**부터 사람이 살기 시작했어요.

신석기 시대
(새로울 新 + 돌 石 + 그릇 器)
구석기 시대의 다음부터 금속기를 쓰기 전까지의 시대.

→ **신석기 시대**에는 빗살무늬 토기를 빚어서 사용했어요.

선사 시대는 사람들이 사용한 도구를 바탕으로 시대를 구분해요. 구석기의 '구'는 '옛날'이란 뜻으로, 구석기 시대는 '옛날 석기 시대'예요. 돌을 깨뜨리고 떼어 낸 '뗀석기'를 만들어 동물을 사냥했어요. 신석기의 '신'은 '새롭다'는 뜻으로, 신석기 시대는 '새로운 석기 시대' 즉 '구석기 다음 시대'를 말해요. 돌을 갈아서 더 날카롭고 정교하게 만든 '간석기'를 이용해 농경과 목축 생활을 했어요.

 이런 **뜻**이 있어요

기원전
(벼리 紀 + 으뜸 元 + 앞 前)
기원 원년 이전. 예수가 태어난 해를 원년으로 그 전을 말함.

→ 고구려는 동명왕 주몽이 **기원전** 37년에 세웠어요.

기원후
(벼리 紀 + 으뜸 元 + 뒤 後)
기원 원년 이후. 예수가 태어난 해를 원년으로 하여 이름.

→ 세기는 100년을 1세기로 하여 세는 단위로, **기원후** 650년은 7세기예요.

'기원'은 햇수를 세는 기준이 되는 해예요. 예수가 태어난 해를 원년으로 이전을 '기원전', 이후를 '기원후'라고 해요. 우리나라는 단군왕검이 즉위한 해인 기원전 2333년을 원년으로 하다가, 1961년부터 예수가 태어난 해를 기준으로 쓰게 되었어요.

청동기 시대 (푸를 靑 + 구리 銅 + 그릇 器)
무기, 생산 도구와 같은 기구를 청동으로 만들어 사용하던 시대.

→ **청동기 시대**에 세워진 고조선은 기원후 1세기에 철기 시대를 맞이했어요.

구리에 주석이라는 금속을 섞으면 단단한 '청동'이 되는데, 이걸 도구로 쓴 시대가 '청동기 시대'예요. 청동을 무기로 만들어 쓰면서 군대가 생기고 왕국이 탄생했어요. 이후에 청동보다 더 단단하고 가벼운 철을 도구로 쓰는 '철기 시대'가 되면서 농사 도구나 무기가 더욱 발달했어요.

어맛! 역사가 보이는 **한국사 어휘 퀴즈**

※ 아래 빈칸에 어울리는 말을 고르세요.

❶ 구석기 시대 사람들은 동물 사냥 말고도 나무뿌리, 열매 등을 찾아 먹거리를 구하는 ☐☐ 생활을 했어요.

힌트 1 '널리 찾아서 얻거나 캐고, 잡아 모으는 일'을 말해요.
힌트 2 곤충 ○○, 약초 ○○ 등으로 쓰여요.

① 고집　　② 밀집　　③ 채집

❷ 청동 제품을 만들던 틀인 ☐☐☐이 전국의 여러 곳에서 발견되었어요.

힌트 1 만들려는 물건의 모양대로 속이 비어 있어 거기에 쇳물을 부을 수 있게 된 틀이에요.
힌트 2 비슷한 말로 '형틀', '주형'이 있어요.

① 기와집
② 거푸집
③ 이웃집

 이런 뜻이 있어요

고조선 시대

시조 (비로소 始 + 할아버지 祖)
한 겨레나 집안의 맨 처음이 되는 조상.

→ 단군왕검은 우리 겨레의 **시조**이자 처음 나라를 세운 임금이에요.

단군왕검은 기원전 2333년에 고조선을 세웠어요. '시조'는 우리가 이름에 쓰는 '성씨'를 제일 처음 쓴 '집안의 조상'을 가리키기도 해요. '어떤 학문이나 기술 따위를 처음 연 사람'을 말할 때도 '한문학의 시조' 이런 식으로 쓰지요.

건국 (세울 建 + 나라 國)
나라가 세워지거나 또는 나라를 세움.

→ 단군은 여러 부족을 합쳐 **건국**의 기틀을 다졌어요.

신화 (귀신 神 + 말할 話)
옛날 사람들의 생각이나 당시 상황이 반영되어 만들어진 신성한 이야기.

→ 하늘 신인 환웅과 여인이 된 곰이 결혼해 단군을 낳았다는 **신화**가 전해져요.

'건국'은 나라를 새롭게 세우는 거예요. 비슷한 말로는 '개국', '입국' 그리고 '나라의 터전을 연다'는 뜻의 '개원'이 있어요.

'신화'는 신과 영웅의 업적이나 민족이 생겨난 이야기로, 신비로움이 있어요. 단군 신화에는 단군이 고조선을 세울 때의 이야기가 담겨 있어요.

 이런 뜻이 있어요

지배자 (지탱할 支 + 짝 配 + 사람 者)

어떤 사람이나 집단, 조직, 사물 등을 자기 뜻대로 따라서 좇게 하여 다스리는 사람.

→ 단군은 하늘에 제사를 지내는 제사장, 왕검은 백성을 다스리는 **지배자**라는 뜻이에요.

'지배'는 자기의 뜻이나 명령, 규칙대로 상대가 따르게끔 하는 거예요. '지배하는 사람'이 '지배자', '지배를 받는 사람'이 '피지배자'예요. 나라나 지역을 맡아서 다스리고 지배하는 것을 '통치', 그런 역할을 하는 사람을 '통치자'라고 해요.

도읍 (도읍 都 + 고을 邑)

예전에 한 나라의 수도를 이르는 말. 서울.

→ 조선 시대의 **도읍**은 한양, 지금의 서울이에요.

'도읍'은 '한 나라의 정치, 경제, 문화의 중심지'예요. 고조선의 도읍은 아사달로, 지금의 평양 백악산 또는 황해도 구월산으로 추정해요.

숭배하다 (높을 崇 + 절 拜)

훌륭하게 여겨 우러러보고 공경하다.

→ 고조선에서는 곰을 **숭배하는** 부족의 힘이 더 컸다고 해요.

'숭배'는 어떤 대상을 훌륭히 여기고 우러러 받드는 거예요. 우리가 신이나 부처 등 종교적인 대상을 볼 때 이런 마음을 가져요.

어맛! 역사가 보이는 **한국사 어휘 퀴즈**

고조선 시대

※ 아래 빈칸에 어울리는 말을 고르세요.

❶ 하늘의 아들 환웅은 ☐☐☐☐ 뜻을 품고 세상에 내려왔어요.

힌트 1 단군이 고조선을 세울 때 내세운 생각이에요.
힌트 2 '널리 인간을 이롭게 한다'는 뜻으로, 모든 사람을 골고루 돕고 사랑한다는 말이에요.

① 태평성대
② 홍익인간
③ 대기만성

❷ 청동기 시대에는 우두머리가 죽으면 ☐☐☐을 만들어 죽음을 기렸어요.

힌트 1 큰 돌을 몇 개 둘러 세우고 그 위에 넓적한 덮개돌을 덮은 선사 시대의 무덤이에요.
힌트 2 형태에 따라 '탁자 모양'과 '바둑판 모양'이 있어요.

① 고인돌
② 조약돌
③ 바윗돌

전성기
(온전할 全 + 성할 盛 + 기약할 期)
어느 집단의 세력 따위가 아주 왕성한 시기. 한창때.

→ 고구려의 **전성기**는 5세기였어요.

쇠퇴기
(쇠할 衰 + 물러날 退 + 기약할 期)
약해져서 전보다 못하여 가는 시기.

→ 고구려가 **쇠퇴기**에 접어들 무렵, 신라의 힘이 막강해졌어요.

'전성기'는 한마디로 '잘나가는 때'를 말해요. 역사에서는 '그 나라의 힘이 세서 영토를 크게 확장하던 시기'를 이렇게 표현해요. 예를 들어, 고구려는 5세기 광개토 대왕과 장수왕 때가 전성기였어요. 이때 한강 지역부터 만주 지역까지 땅을 크게 넓혔어요. 반대말은 '쇠퇴기'예요. '세력이 약해지는 시기'이지요. 고구려는 왕위 문제를 두고 귀족들이 다툼을 벌이다가 점차 쇠퇴기를 맞이했어요.

정벌 (칠 征 + 칠 伐)
다른 나라나 죄 있는 무리를 무력으로 침.

→ 수나라는 대군을 이끌고 두 차례 고구려 **정벌**에 나섰지만 실패했어요.

'정벌'은 전쟁을 일으켜 다른 나라를 치는 거예요. 역사에서 다른 나라의 땅을 빼앗기 위해 한 활동이지요. 비슷한 말로는 '정복', '토벌' 등이 있어요. '정복'은 '무력으로 쳐서 복종을 시키는 것'이고, '토벌'은 '무력으로 쳐 없앰'이라는 뜻이에요.

 이런 뜻이 있어요

함락하다
(빠질 陷 + 떨어질 落)

적의 요새나 성, 군대 따위를 공격하여 무너뜨리다.

➜ 신라와 당나라 연합군이 고구려 평양성을 **함락했어요**.

'함락'은 원래 '땅이 무너져 내려앉음'을 말해요. 이 말이 전쟁을 자주 벌이던 역사 속에서는 '적을 무너뜨리다'의 뜻으로 쓰여요.

장악하다
(손바닥 掌 + 쥘 握)

손안에 잡아 쥔다는 뜻으로, 무엇을 마음대로 할 수 있게 되다.

➜ 연개소문은 영류왕을 죽이고 정치와 군사력을 **장악했어요**.

뭔가 손안에 쥔다는 건 마음대로 할 수 있는 힘을 가지게 된 거예요. 즉 '장악하다'는 '권력을 휘어잡거나 걷어쥐다'의 뜻이에요.

업적 (일 業 + 길쌈할 績)

어떤 일이나 사업, 연구에서 이룬 성과.

➜ 역사 속 훌륭한 왕들은 위대한 **업적**을 남겼어요.

역사에서 '업적'은 '후세에 두고두고 남을 만큼 훌륭한 일'을 말해요. 고구려의 제9대 왕인 고국천왕은 우리나라 최초의 복지 제도로 통하는 '진대법'을 시행한 업적이 있어요. 흉년으로 굶주리는 백성에게 곡식을 빌려주고, 다음 추수 때 갚게 한 거예요.

어맛! 역사가 보이는 **한국사 어휘 퀴즈**

※ 아래 빈칸에 어울리는 말을 고르세요.

❶ 고구려 소수림왕은 나라의 질서를 잡기 위해 ☐☐ 을 만들어 널리 퍼뜨렸어요.

힌트1 '나라를 다스리는 기본법'이에요.
힌트2 '형률(형벌)'과 '법령(행정법)'의 줄임말이에요.

① 율령
② 율무
③ 타령

❷ 을지문덕 장군이 수나라의 침략에 크게 이긴 싸움은 살수 ☐☐ 이에요.

힌트1 '싸움에서 크게 이김'을 뜻하는 말로, 대승을 거둔 싸움 뒤에 붙어요.
힌트2 명량 ○○, 한산도 ○○에도 들어가요.

① 대접
② 대첩
③ 대장

나는야 드론 박사

저 교내 드론 오래 날리기 대회에서 우승했어요!

오~, 잘했어. 드론에 진심이더니.

우승 / 드론 오래 날리기 대회

한강 유역에서 전국 대회가 열릴 거래요.

중앙 무대로 진출하는 거네.

장하다. 가문의 영광!

쳇! 그거 원래 내 드론이었는데.

네가 나태해져서 처박아 둔 걸 수동이가 고쳐서 연습한 거잖아.

헤헷, 덕분에 난 드론 박사가 됐지.

잘난 척은. 한글이나 어서 떼.

치사해.

이런 뜻이 있어요

유역 (흐를 流 + 지역 域)
강물이나 하천 물이 모여 흘러드는 언저리.

→ 고구려 왕자 온조는 한강 **유역**의 위례성에 '백제'를 세웠어요.

강물이 모여들고 흐르는 곳 주변은 땅이 기름지고, 농사가 잘돼요. 한강 유역은 옛날부터 토지가 비옥하고 교통이 발달했어요. 중국 산둥 지방과 가까워서 무역하기에도 좋았지요. 그래서 삼국 시대에는 한강 유역을 차지한 나라가 전성기를 맞이했어요.

문물 (글월 文 + 만물 物)
문화에서 나온 모든 것.

→ 백제가 전한 **문물**들은 일본의 문화를 꽃피우는 바탕이 되었어요.

'문물'은 인간이 살아가면서 만든 정치, 경제, 종교, 학문, 예술 등 온갖 문화에서 나온 물건이에요. 그중에서도 기술이나 도구 등 실용적인 것으로 이해하면 쉬워요.

전파하다 (전할 傳 + 뿌릴 播)
전하여 널리 퍼뜨리다.

→ 백제가 일본으로 **전파한** 것 중에는 도기, 그림 등의 기술도 있어요.

'전파'는 문화나 종교, 문물이 다른 지역으로 널리 퍼져나가게 하는 거예요. 풍요로운 한강 유역에서 문화를 일찍 꽃피운 백제는 다른 나라로 문물을 전파했어요.

 이런 뜻이 있어요

진출하다 (나아갈 進 + 날 出)
어떤 방면으로 활동 범위나 세력을 넓혀 나아가다.

➡ 근초고왕은 중국의 동진과 일본까지 **진출해** 외교를 했어요.

개편하다 (고칠 改 + 엮을 編)
사람이 조직이나 기구 따위를 고쳐 새롭게 다시 짜다.

➡ 성왕은 나라를 **개편하면서** 부여의 국호를 '남부여'로 바꾸었어요.

'진출'은 '앞으로 나아가다'와 '세력을 넓혀 나아가다'의 뜻이 있어요. 4세기 백제의 근초고왕은 남쪽으로는 가야와 마한을 정복해 땅을 넓혔고, 북쪽으로는 고구려를 공격해 평양성 근처까지 진출했어요.

이 말은 원래 '책을 고쳐서 다시 엮다'의 뜻인데, 업무에서는 '기존의 양식을 바꾸어 조직을 새롭게 다시 구성하다'의 뜻으로 쓰여요. 백제의 성왕은 도읍을 웅진(공주)에서 사비(부여)로 옮기면서 조직을 개편하고, 힘을 기르려 애썼어요.

나태하다 (게으를 懶 + 게으를 怠)
성격이나 행동 따위가 느리거나 게으르다.

➡ 의자왕은 **나태해져서** 나랏일을 소홀히 했어요.

어휘에 '게으르다'란 뜻의 한자가 두 번 들어가요. 그만큼 일하기를 귀찮아하고, 하더라도 느릿느릿한다는 거에요. 백제의 의자왕은 신라와의 싸움에서 몇 차례 승리하고는 자만했어요. 그 결과 백제는 신라와 당나라 연합군에 패해 몰락했어요.

어맛! 역사가 보이는 한국사 어휘 퀴즈

※ 아래 빈칸에 어울리는 말을 고르세요.

❶ 계백 장군은 ⬜⬜⬜ 에서 신라군에 맞서 싸우다 전사했어요.

- 힌트1: 백제의 계백 장군이 5천 군사를 이끌고 5만 신라군과 싸운 곳이에요.
- 힌트2: 지금의 충청남도 논산 일대를 차지하는 너른 들판이에요.

① 황금봉　　　② 황산벌　　　③ 황무지

❷ 백제의 ⬜⬜ 왕인은 일본에 천자문을 전해 주었어요.

- 힌트1: 백제에서 '학문이나 기술이 뛰어난 사람에게 내린 벼슬'이에요.
- 힌트2: 기와를 잘 굽는 사람을 '와○○', 유교 경전에 능통한 사람을 '오경○○'라고 했어요.
- 힌트3: '어떤 일에 숙달된 사람'을 가리키기도 해요.

① 도사
② 박사
③ 하사

정답 ❶ ② ❷ ②

신라 (새로울 新 + 그물 羅)

기원전 57년, 박혁거세가 지금의 영남 지방을 중심으로 세운 나라.

→ **신라**는 삼국 중에서 가장 늦게 발전했지만, 천 년 동안 이어 갔어요.

'신라'는 '덕업일신(德業日新) 망라사방(網羅四方)'의 줄임말로, '왕의 업적이 나날이 발전하여 세상을 두루두루 돌본다'는 뜻이에요. 원래는 '사라', '서라벌' 등으로 불리다가 제22대 왕인 지증왕 때 나라 이름을 '신라'로 새롭게 정했어요. 도읍은 금성으로, 지금의 경주랍니다.

신분 (몸 身 + 나눌 分)

한 사람이 사회에서 가지는 역할이나 지위.

→ 신라도 고구려나 백제처럼 **신분**을 나누었는데, 그 기준이 엄격했어요.

골품제 (뼈 骨 + 물건 品 + 억제할 制)

신라 때, 혈통에 따라 나눈 신분 제도.

→ 신라는 사는 집, 옷 색깔과 관리 등급도 **골품제**에 따라 정해졌어요.

역사에서 이 말은 혈통이나 가문 등에 따라 등급을 나누고 지위를 구분하는 '계급'과 비슷한 뜻으로 쓰여요. 즉, 어느 집안에서 태어나느냐에 따라서 사회적인 위치와 역할이 달라지고, 그 자격을 집안 대대로 물려줄 수 있었어요.

골품의 '골'은 '왕족'을 뜻해요. 첫째 등급 '성골'은 부모가 모두 왕인 사람, 둘째 등급 '진골'은 부모 중 한쪽이 왕족이에요. 그 아래 '품'이 있으며, 6두품으로 나뉘었어요. 6~4두품은 관리가 될 수 있었던 반면 3~1두품은 평민 신분이었어요.

 이런 뜻이 있어요

화랑도 (꽃 花 + 사나이 郎 + 무리 徒)
신라의 청소년들로 이루어진 수련 단체.

→ **화랑도** 출신의 김유신은 훗날 삼국 통일을 이룩했어요.

'화랑도'는 '꽃처럼 아름다운 사내'란 뜻의 '화랑'과 이들을 따르는 평민 무리인 '낭도'로 이루어진 청소년 단체예요. 화랑은 귀족의 아들 중 용모가 훌륭하고 지도력이 있는 사람이 뽑혔어요. 이들은 단체 생활을 하면서 무술을 배우고, 엄격한 계율을 지켰어요.

순수비 (돌 巡 + 사냥 狩 + 비석 碑)
임금이 살피며 다닌 곳을 기념하기 위해 세운 비석.

→ 진흥왕은 한강을 차지한 기념으로 북한산에 **순수비**를 세웠어요.

신라의 진흥왕은 6세기에 고구려와 백제를 치고 한강 유역을 차지했어요. 그러고는 새로운 땅을 손에 넣을 때마다 신라 땅임을 표시하는 기념비를 세웠어요. 이를 '진흥왕 순수비'라고 해요.

만장일치 (찰 滿 + 마당 場 + 하나 一 + 이를 致)
한 회장에 모인 모든 사람이 같은 의견에 도달함.

→ 신라의 화백 회의는 **만장일치**가 원칙이었어요.

회의에 참여한 사람들이 하나의 의견으로 뜻을 모으는 거예요. 비슷한 말로는 '여러 사람의 의견이 서로 꼭 맞음'이란 뜻을 가진 '만구일담'이 있어요.

어맛! 역사가 보이는 **한국사 어휘 퀴즈**

※ 아래 빈칸에 어울리는 말을 고르세요.

❶ 선덕 여왕 때 동양에서 가장 오래된 천문대인 ☐☐☐가 세워졌어요.

힌트 1 '별을 보는 높은 자리'라는 뜻이에요.
힌트 2 여기에서 별자리의 움직임을 보고 날씨와 길흉을 점쳤어요.

① 탄금대
② 기동대
③ 첨성대

❷ 신라는 이차돈의 ☐☐를 계기로 불교를 공식 종교로 인정했어요.

힌트 1 '종교를 가진 사람이 신앙을 지키기 위해 목숨을 바치는 것'이에요.
힌트 2 이차돈의 목을 베자 하얀 피가 솟구쳐 올랐다고 해요.

① 순교   ② 학교   ③ 사교

가로풀이

① 구리에 주석이나 아연을 섞어 만든 도구예요.
③ 어느 집단의 세력이 한창 왕성한 시기.
⑤ 전류가 흐를 수 있도록 만든 줄. 전선.
⑦ 조선을 건국한 조선 1대 왕의 이름.
⑨ 삼국 중 한강 유역에서 건국된 나라. 문화 왕국.
⑪ 파란 빛깔이나 물감.
⑫ 신라 때에 둔, 화랑과 낭도로 이루어진 청소년 단체.
⑭ 어떤 사업이나 연구 등에서 세운 공적. 또는 후세에 두루두루 남을 훌륭한 일.

세로풀이

❶ 청년과 소년을 아울러 이르는 말.
❷ 예수가 태어난 해를 원년으로, 이전 시대.
❹ 신라 때에 둔, 골품의 첫째 등급. 부모가 모두 왕인 사람.
❻ 당나라 태종이 고구려에 쳐들어 왔다가 크게 패한 요동 지방의 성. 양만춘이 성주였다는 설이 있음.
❽ 황산벌 싸움에서 전사한 백제의 장군.
❿ 갓 결혼하였거나 결혼한 남자. 신부의 반대말.
⓫ 바닷물에 이는 물결.
⓭ 글이나 그림으로 표현하여 적거나 인쇄하여 묶어 놓은 것. 도서.

추대하다 (옮길 推 + 일 戴)
윗사람으로 모셔 받들다.

→ 촌장들은 알에서 깨어난 아이들을 여섯 가야의 왕으로 **추대했어요**.

낙동강 주변의 가야 지역은 왕이 따로 없고 촌장들이 부족을 다스렸어요. 어느 날 하늘에서 황금 상자가 내려왔는데, 안에 여섯 개의 금빛 알이 있었어요. 알에서 제일 먼저 태어난 김수로를 부족들은 금관가야의 왕으로 추대했어요. '추대'는 윗사람으로 모시는 거예요. 비슷한 말에는 '추앙'이나 '옹립'이 있어요.

연맹 (잇달을 聯 + 맹세할 盟)
단체나 국가가 공동의 목적을 위해 서로 돕고 같은 행동을 취할 것을 약속하여 맺음. 또는 그 조직체.

→ 금관가야와 대가야를 중심으로 한 가야 **연맹**은 질 좋은 철을 생산했어요.

동맹 (같을 同 + 맹세할 盟)
둘 이상의 개인이나 단체, 국가가 공동의 목적을 위하여 동일한 행동을 취하기로 한 약속. 또는 그런 관계를 맺는 일.

→ 대가야는 백제에 맞서 신라와 **동맹**을 맺었지만 신라의 배신으로 깨졌어요.

가야는 여섯 나라가 연맹을 이룬 '연맹 왕국'이었어요. 하나의 우두머리 국가를 중심으로, 나머지 국가들이 서로 도우면서 공동의 목적을 이루고 살아가는 관계예요. 처음에는 금관가야가, 나중에는 대가야가 연맹을 이끌었어요.

'동맹'은 같은 목적을 이루거나 이해를 위해 공동 행동을 하기로 한 약속이에요. '연맹'은 셋 이상의 여러 당사자가 느슨하게 열린 상태로 맺는 것인 반면, '동맹'은 자기들끼리만 닫아 놓고 맺는 거예요.

이런 뜻이 있어요

주도하다 (주인 主 + 이끌 導)
주체적으로 이끌거나 지도하다.

→ 연맹을 **주도하던** 금관가야는 삼국의 공격을 받고 힘을 잃었어요.

이 말은 '앞장서다', '이끌다'와 비슷해요. 남들 앞에서 자기 주장을 가지고 적극적으로 움직이는 거예요. 가야 연맹에서는 김해 지역에 있는 금관가야가 철을 수출해서 큰 부자가 되었어요. 자연스럽게 금관가야가 나머지 연맹 나라를 이끌어 갔지요.

교역 (사귈 交 + 바꿀 易)
나라와 나라 사이에서 물건을 사고팔고 하여 서로 바꿈.

→ 가야는 질 좋은 철을 생산해서 중국, 왜와도 **교역**을 했어요.

교류 (사귈 交 + 흐를 流)
문화나 사상 따위의 성과나 경험 등이 나라, 지역, 개인 간에 서로 통함.

→ 가야는 철을 다루는 기술 또한 여러 나라와 **교류**했어요.

'교역'과 비슷한 말로는 '맞무역', '무역'이 있어요. '무역'은 주로 '나라와 지역 간에 물품을 교환하는 것'이고, '교역'은 '나라 간에 물건을 주고받는 것'으로 한정해요.

'교류'는 원래 '근원이 다른 물줄기가 서로 섞여서 흐르는 것'이에요. 여기에서 더 확장되어 여러 분야에서 이룩한 문화나 사상, 경험 등을 나라나 지역, 또는 개인 간에 주고받는 걸 말해요.

어맛! 역사가 보이는 한국사 어휘 퀴즈

❶ 가야의 궁중 악사 우륵은 ㄱ ㅇ ㄱ 으로 12곡의 음악을 만들었어요.

> 힌트1 가야의 가실왕 때 만들어진 우리나라 고유 현악기예요.
> 힌트2 12줄로 되어 있으며, 줄을 손가락으로 뜯어 소리를 내요.

❷ 가야인들은 철로 ㄷ ㅇ ㅅ 를 만들어 화폐처럼 이용했어요.

> 힌트1 가운데가 잘록하고 양끝 폭이 넓어지는 모양의 쇠판이에요.
> 힌트2 '철정'이라고도 해요.

나당 연합군
(그물 羅 + 당나라 唐 + 잇닿을 聯 + 합할 合 + 군사 軍)
삼국 통일 전쟁 시기에, 신라와 당나라가 서로 합동하여 구성한 군대.

➔ 백제를 멸망시킨 **나당 연합군**은 다음으로 고구려를 노렸어요.

'나당'은 '신라와 당나라'를 아울러 이르는 말이에요. 백제의 공격을 받은 신라는 당나라에 찾아가서 함께 공격하자고 했어요. 고구려를 노리고 있었던 당나라는 신라의 제안을 받아들여서 동맹을 맺고 백제를 공격했어요.

돌입하다 (부딪칠 突 + 들 入)
세찬 기세로 갑자기 뛰어들다.

➔ 백제와 고구려를 무너뜨린 당나라는 한반도 차지하기에 **돌입했어요**.

완수하다 (완전할 完 + 이룰 遂)
목적한 바를 완전히 이루거나 다 해내다.

➔ 문무왕은 당나라와 7년의 전쟁 끝에 승리하고 삼국 통일을 **완수했어요**.

비슷한 말로는 '돌진하다'가 있어요. '세찬 기세로 곧장 나아가다'예요. 신라와 당나라의 나당 연합군은 고구려 무너뜨리기에 돌입했어요. 결국 668년 평양성을 빼앗고 고구려를 멸망시켰어요.

'완수하다'는 '다하다', '끝내다', '성취하다'와 뜻을 같이해요. 당나라의 배신으로 나당 연합이 깨졌고, 두 나라는 전쟁을 벌였어요. 신라는 676년 대동강 남쪽을 차지하고 삼국 통일을 해냈어요.

 이런 뜻이 있어요

즉위하다 (곧 卽 + 자리 位)
새로운 임금이 의식을 치르고 왕위에 오르다.

→ 무열왕 김춘추의 뒤를 이어 문무왕이 **즉위했어요**.

텔레비전 사극에서 많이 나오는 말이에요. 비슷한 말로는 '등극하다'가 있는데, 이는 임금의 지위에 오르는 것뿐만 아니라, '어떤 분야에서 최고로 높은 자리에 오르는 것'을 말하기도 해요. 신라의 김춘추는 왕위에 즉위해 삼국 통일의 기반을 다졌고, 뒤이어 문무왕이 김유신과 함께 통일을 이루었어요.

선발 (가릴 選 + 뺄 拔)
여럿 가운데서 골라서 뽑음.

→ 이번 관리의 **선발** 기준이 뭡니까?

임용 (맡길 任 + 쓸 用)
어떤 일을 맡아 하도록 하기 위해 사람을 씀.

→ 공무원 **임용** 시험의 경쟁이 치열했어요.

'선발'은 많은 사람 중에서 쓸 만한 인재를 골라 뽑는 거예요. 비슷한 말로는 '간발', '택발'이 있어요. 통일 신라에서는 788년부터 '독서삼품과'라는 임용 시험을 통해 관리를 선발했어요.

'임용'은 '일을 맡길 사람을 뽑아 씀'이란 뜻이에요. 비슷한 말로는 '인재를 골라서 씀'의 '등용'이 있어요. 선발은 뽑는 것 자체이고, 임용은 뽑아서 임무를 맡기는 거예요.

어맛! 역사가 보이는 **한국사 어휘 퀴즈**

❶ 우리 역사에 등장하는 최초의 여왕은
ㅅ,ㄷ 여왕이에요.

- 힌트1 신라 제27대 왕으로 이름이 '덕만'이에요.
- 힌트2 김춘추, 김유신과 함께 고구려와 백제 공격에 맞서 신라를 지켰어요.

❷ ㅁ,ㅍ,ㅅ,ㅈ 을 불면, 나라의 근심이 사라지고 평온해진다는 전설이 있어요.

- 힌트1 신라 제31대 왕인 신문왕 때 '용에게서 얻은 대나무로 만들었다는 피리'예요.
- 힌트2 통일 신라에 평화가 찾아오길 바라는 신라인들의 염원이 담겨 있어요.

이런 뜻이 있어요

통일 신라 시대

해상권 (바다 海 + 위 上 + 권세 權)

무력으로 바다를 지배하여 군사, 무역, 항해 따위에 관하여 바다 위에서 가지는 권력.

→ 장보고는 청해진을 중심으로 **해상권**을 장악했어요.

'해상권'은 바다에서 가지는 힘이에요. 비슷한 말로는 '제해권'이 있어요. 통일 신라 때는 당나라, 왜와 무역이 활발해지면서 해적들의 기습을 많이 받았어요. 장보고는 완도 앞바다에 해군 기지인 청해진을 설치해 바다를 지켰어요.

소탕하다 (쓸 掃 + 털어 없앨 蕩)

휩쓸어 모조리 잡아들이거나 없애 버리다.

→ 해적을 **소탕하고** 해상권을 손에 쥔 장보고는 '바다의 왕자'로 이름을 떨쳤어요.

신라방 (새로울 新 + 그물 羅 + 동네 坊)

통일 신라 시대, 중국 당나라에 설치되었던 신라 사람들의 집단 거주지.

→ **신라방**에는 신라인들에게 숙식을 제공하는 신라관도 있었어요.

적군이나 해적을 물리쳤을 때 자주 써요. 비슷한 말로는 '쓸어버리다', '소양하다' 등이 있어요. 청해진을 설치한 장보고는 해적을 소탕하고, 신라 상인들이 안전하게 교역할 수 있도록 했어요.

'신라방'은 당나라에 있던 신라 마을이에요. 교역이 활발해지면서 당나라의 해안가에 신라인이 모여 살게 되었어요. 신라인을 다스리는 관청 '신라소', 신라인이 세운 절 '신라원' 등이 생겼어요.

 이런 뜻이 있어요

보급하다 (널리 普 + 미칠 及)
새로운 물건이나 사상을 널리 펴서 골고루 알리거나 사용하게 하다.

→ 신라의 승려 원효 대사는 대중에게 불교를 **보급했어요**.

이 말은 '전파하다', '확산하다'와도 뜻이 통해요. 새로운 생각이나 문물을 사람들에게 퍼뜨리는 거예요. 원효 대사는 '누구나 깨달음을 얻을 수 있다'는 부처님의 가르침을 신라 사람들에게 보급했어요.

반란
(배반할 叛 + 어지러울 亂)
정부나 지도자에 반대하여 내란을 일으킴.

→ 진성 여왕 때 세금 독촉에 시달리던 농민들이 곳곳에서 **반란**을 일으켰어요.

비슷한 말로는 '모반', '역란', '반역'이 있어요. 신라 말기로 갈수록 진골 귀족들 간의 왕위 다툼으로 혼란이 계속되었고, 나라 살림살이가 어려워졌어요. 불만을 품은 반란 세력이 생겨났어요.

개혁안
(고칠 改 + 가죽 革 + 책상 案)
어떤 제도나 법률 따위의 일부를 고치거나 새롭게 만들고자 내놓은 계획.

→ **개혁안**이 통과될 수 있도록 노력합시다.

'개혁'은 '제도를 새롭게 뜯어고치는 것'이고, 그러한 계획이 '개혁안'이에요. 통일 신라 말기의 학자 최치원은 나라를 바로 세울 개혁안인 '시무 십여조'를 왕에게 올렸지만, 귀족들의 반대로 받아들여지지 않았어요.

어맛! 역사가 보이는 **한국사 어휘 퀴즈**

❶ 경주 불국사 대웅전 앞에는 다보탑과 ㅅ,ㄱ,ㅌ 이 있어요.

- **힌트1** '그림자가 비치지 않는 탑'이란 뜻에서 '무영탑'이라고도 해요.
- **힌트2** 정식 명칭은 '경주 불국사 삼층 석탑'이고, 국보예요.
- **힌트3** '석가여래상주설법탑'을 줄여서 이렇게 불러요.

❷ 신라의 ㅅ,ㅂ,ㄱ 는 얼음을 저장하던 창고예요.

- **힌트1** 여기에 저장된 얼음은 왕과 귀족들이 사용했어요.
- **힌트2** 현재 경주와 안동에 남아 있는 것은 조선 시대에 만들어진 거예요.

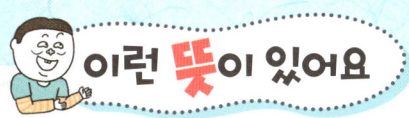

이런 뜻이 있어요

유민 (남길 遺 + 백성 民)
망하여 없어진 나라의 백성.

→ 당나라는 고구려 **유민**이 뭉치지 못하게 영주 지방으로 이주시켰어요.

기상 (기운 氣 + 모양 像)
사람이 타고난 기개가 겉으로 드러난 모양.

→ 대조영은 고구려의 **기상**을 바탕으로 나라를 다시 세우고자 했어요.

비슷한 말로 '나라가 망한 뒤에 살아남은 백성'을 뜻하는 '여민'이 있어요. 한자 '흐를 유(流)'를 쓴 '유민(流民)'은 '거처 없이 떠돌아다니는 백성'을 뜻하니, 둘을 구별해 쓰세요.

'기백', '의기'와도 뜻이 통해요. '씩씩하고 굳센 모양'을 말하지요. 고구려 장수 출신의 대조영은 고구려의 늠름한 기상을 잊지 않았어요.

발해 (바다 이름 渤 + 바다 海)
고구려 유민이 한반도 북쪽의 옛 고구려 땅에 세운 나라.

→ **발해**의 제2대 왕인 무왕은 활발한 정복 활동으로 영토를 넓혔어요.

고구려가 멸망하고 30년 뒤인 698년, 대조영은 고구려 유민과 말갈인을 모아 나라를 세웠어요. 처음 이름은 '진국'이었다가 이후 '발해'로 고쳤는데, 이는 근처 바다에 발해만이 있었고 당나라에서 대조영을 '발해 군왕'으로 불러서 그렇다는 설이 있어요.

 이런 **뜻**이 있어요

계승하다 (이를 繼 + 받들 承)
조상의 전통, 문화유산, 업적 따위를 물려받아 이어 나가다.

➜ 발해는 고구려를 **계승하려는** 의지가 뚜렷했어요.

이 말은 '선대의 업적을 물려받아서 계속 이어 나가다'의 뜻 외에도 '선임자의 뒤를 이어받다'라는 뜻이 있어요. 비슷한 말로는 '전승하다'가 있는데, 이는 '문화, 풍속 따위를 이어받아 잇게 하다'예요.

출토 (날 出 + 흙 土)
땅속에 묻혀 있던 물건이 저절로 나오거나 파여서 나옴.

➜ 발해의 **출토** 유물을 보면 고구려 양식과 비슷하다는 걸 알 수 있어요.

비슷한 말 '발굴'은 '땅속이나 돌 더미에 묻혀 있던 유물, 유적을 파냄'이라는 뜻이에요. 흙에서 직접 파여 나오는 '출토'보다는 좀 더 상위 개념으로 쓰여요.

견제하다 (끌 牽 + 억제할 制)
상대가 지나치게 세력을 펴지 못하도록 일정한 힘을 가해 억누르다.

➜ 발해 문왕은 주변 나라를 **견제하기**보다 교류를 통해 부강하게 만들고자 했어요.

이 말은 상대의 힘이나 세력이 세지지 않도록 감시하고 묶어 두는 거예요. 처음 당나라를 견제하던 발해는 곧 선진 문물과 제도를 받아들였어요. 이후 거란, 일본, 신라와도 교류했답니다.

어맛! 역사가 보이는 **한국사 어휘 퀴즈**

❶ 연해주와 요동 지방까지 차지한 발해는
□ㅎ□ㄷ□ㅅ□ㄱ 으로도 불렸어요.

> **힌트 1** 발해의 선왕 때 중국에서 이르던 말이에요.
> **힌트 2** '바다 동쪽에 있는 발전된 나라'라는 뜻이에요.

❷ 발해의 도읍지는 오랫동안
□ㅅ□ㄱ 이었어요.

> **힌트 1** 지금의 중국 헤이룽장성 닝안시(흑룡강성 영안시) 일대예요.
> **힌트 2** 당나라 수도 장안을 본떠 건설한 도시로, '○○ 용천부'라고도 해요.

 이런 **뜻**이 있어요

 후삼국 시대

동요하다 (움직일 動 + 흔들릴 搖)
마음이나 처지가 확고하지 못하고 흔들리다.

→ 통일 신라 말에는 잦은 왕권 다툼과 관리의 부패로 민심이 **동요했어요**.

뭔가 흔들리고 움직이는 거예요. 그 뜻이 확장되어 생각과 처지, 상황 따위가 혼란하고 술렁이는 것도 '동요하다'라고 해요. 비슷한 말로는 '요동하다', '요동치다' 등이 있어요.

호족 (호걸 豪 + 겨레 族)
신라 후기와 고려 초기에 중앙의 간섭에서 벗어나 지방을 지배한 세력.

→ **호족**은 자신을 스스로 '장군'이나 '성주'로 칭하며 지방을 호령했어요.

원래 '재산이 많고 세력이 강한 집안'을 칭하는 말이에요. 역사에서는 통일 신라 말기에 중앙이 혼란한 틈을 타 지방에서 성장한 세력을 말해요. 이들은 고려 건국에 큰 힘을 보태지요.

모순 (창 矛 + 방패 盾)
어떤 사실의 앞뒤, 또는 두 사실이 이치상 서로 맞지 않음을 이르는 말.

→ 관직에 오르는 데 한계가 있는 6두품은 골품제가 **모순**이라고 생각했어요.

어떤 방패로도 막지 못하는 창과 어떤 창으로도 뚫지 못하는 방패는 말이 안 된다는 것에서 유래했어요. 신라 말기에 6두품은 더 높은 관직으로 올라갈 수 없는 모순에 불만을 품었어요.

풍수지리설
(바람 風 + 물 水 + 땅 地 + 다스릴 理 + 말씀 說)
땅의 모양새나 산의 위치, 물의 흐름 등이 인간 생활에 영향을 준다는 이론.

→ 통일 신라 말기의 승려 도선은 **풍수지리설**의 대가로 이름을 떨쳤어요.

말 그대로 바람과 물, 땅 등의 자연 요소와 인간의 길흉화복을 연결해, 집을 짓거나 죽은 사람을 묻는 장소 등을 구하는 거예요. 신라 말, 호족들은 풍수지리설을 근거로 수도인 경주뿐만 아니라 지방도 중요하다고 주장했어요.

후삼국 시대
(뒤 後 + 석 三 + 나라 國)
통일 신라 말기의 신라, 후백제, 후고구려의 상황을 이르는 말.

→ 후백제와 후고구려가 세워지며 **후삼국 시대**가 열렸어요.

우호적
(벗 友 + 좋을 好 + 과녁 的)
개인이나 나라끼리 서로 사이가 좋은, 또는 사이가 좋은 것.

→ 왕건에게 **우호적**이었던 궁예는 점차 적대적으로 변했어요.

앞의 고구려, 백제, 신라의 삼국 시대와 구분 짓는 말이에요. 통일 신라의 운이 다하자, 지방 호족을 중심으로 900년 완산주(전주)에서는 견훤이 '후백제'를, 901년 송악(개성)에서는 궁예가 '후고구려'를 세웠어요.

서로 사이가 좋은 것을 '우호적'이라고 하고, 그 반대를 '적대적'이라고 해요. 처음 궁예와 왕건은 우호적이었어요. 하지만 궁예가 스스로 미륵이라고 칭하며 포악한 정치를 하자, 부하들이 왕건을 따르게 되었어요.

어맛! 역사가 보이는 **한국사 어휘 퀴즈**

❶ 918년, 왕건은 궁예를 내쫓고  를 세웠어요.

- 힌트1 '고구려'를 계승한다는 뜻이 담겨 있어요.
- 힌트2 수도는 지금의 개성인 '송악'이에요.

❷ 궁예는 자신에게 다른 사람의 마음을 읽는  이 있다고 주장했어요.

- 힌트1 '상대편의 몸가짐이나 표정 등으로 속마음을 알아내는 기술'이에요.
- 힌트2 비슷한 말로 '독심술'이 있어요.

가로세로 십자말풀이 ②

가로풀이

① 통일 신라 시대의 장군으로, '바다의 왕자'로 불렀음.
③ 백성의 마음. '○○이 동요하다'.
④ 가야금과 함께 우리나라 대표 현악기. 줄이 6개임.
⑦ 통일 신라 말기의 신라, 후백제, 후고구려를 이르는 말.
⑧ 학교에서 교과 과정에 따라 사용하기 위해 만든 책.
⑨ 여럿 가운데 골라 뽑음.
⑪ '발해의 동쪽'이란 뜻으로 예전에 우리나라를 이르던 말.
⑬ 개인이나 나라끼리 사이가 좋은 것.

세로풀이

❶ 군사를 거느리는 우두머리.
❷ 마음속으로 괴로워하고 애를 태움.
❺ 왕건이 세운 나라.
❻ 신라에서 귀족의 자제를 관리로 임용하던 제도. '독서출신과'라고도 함.
❿ 698년, 대조영이 고구려 유민과 말갈인을 모아 동모산 근처에 세운 나라.
⓬ 둘 이상의 개인이나 단체, 또는 국가가 서로의 이익이나 목적을 위하여 같이 행동하기로 맹세하여 맺는 약속이나 조직체.
⓮ 신라 후기와 고려 초기에 중앙의 간섭에서 벗어나 지방을 지배한 세력.

이런 뜻이 있어요

장려하다 (권면할 獎 + 힘쓸 勵)
좋은 일에 힘쓰도록 권하여 북돋아 주다.

→ 고려는 나라에서 불교를 **장려하여** 왕실부터 백성까지 두루두루 믿었어요.

비슷한 말로 '권하여 하도록 하다'란 뜻의 '권장하다'가 있어요. 고려를 건국하고 후삼국을 통일한 왕건은 그 업적을 기리기 위해 부처의 힘이 깃든 불상과 사원을 많이 세웠어요.

포용하다 (감쌀 包 + 얼굴 容)
다른 사람을 너그럽게 감싸고 받아들이다.

→ 고려는 거란을 피해 온 발해의 유민들을 적극적으로 **포용했어요**.

대접하다 (기다릴 待 + 접할 接)
마땅한 예를 갖추어 잘 대하다.

→ 왕건은 신라를 바친 경순왕을 극진히 **대접했어요**.

'다른 사람의 잘못이나 입장을 너그러이 받아들이다'의 뜻을 가진 '용납하다'와 비슷한 말이에요. 여기에 '용서하다'의 뜻이 포함되면 '관용하다'가 돼요.

이 말은 '음식을 차려 손님을 모시다'의 뜻으로도 많이 써요. 또 '지위나 명성이 높은 사람의 자격에 걸맞게 대하다'의 뜻도 있어요. 이럴 때는 '대우하다', '예우하다' 등과 바꾸어 쓸 수 있어요.

 이런 뜻이 있어요

우대하다 (넉넉할 優 + 기다릴 待)
특별히 넉넉하게 대하다.

→ 왕건은 공을 많이 세운 신하나 호족에게 '왕'씨 성을 내리는 등 **우대했어요**.

'노약자 우대석'은 대중교통에서 노인이나 어린이, 약자를 위해 앉을 자리를 우선으로 마련해 놓은 거예요. 이렇듯 '우대하다'는 특별히 대하는 거예요. 반대말에는 '박대하다', '푸대접하다', '냉대하다'가 있어요.

사심관
(일 事 + 살필 審 + 벼슬 官)
중앙에 있으면서 지방 일을 살피던 관리.

→ 신라의 경순왕은 경주의 **사심관**이 되어 지역을 다스렸어요.

볼모
약속을 지키는 조건으로 상대편에 잡혀 두는 사람이나 물건.

→ 예전에는 다른 나라에서 왕자나 공주를 데려가 **볼모**로 삼곤 했어요.

왕건은 호족의 도움으로 왕이 되었지만, 그들 세력이 커지는 걸 견제했어요. 그래서 중앙에서 지방이 고향인 관리를 '사심관'으로 임명해 그 지역 일을 맡아보게 했어요.

비슷한 말은 '인질'이에요. 고려 시대와 조선 시대에는 지방 세력의 성장을 막기 위해 중앙에서 그 아들을 볼모로 삼아 수도에 머물게 했어요. 이를 '기인 제도'라고 불러요.

어맛! 역사가 보이는 한국사 어휘 퀴즈

※ 아래 빈칸에 어울리는 말을 고르세요.

❶ 광종은 호족의 노비 중에서 양인이었던 사람들을 가려내 해방시키는, ☐☐☐☐☐ 을 만들었어요.

힌트1 '안검'은 '자세히 조사하여 살핌'을 뜻해요.
힌트2 이 법 시행으로 호족의 힘이 약해졌고 왕권은 강해졌어요.

① 노비추출법　　② 노비안검법　　③ 노비안경법

❷ 광종 때 우리나라 처음으로 관리를 뽑는 시험인 ☐☐ 를 실시했어요.

힌트1 광종 9년(958)에 실시했고, 조선 시대에는 중요성이 더욱 커진 시험이에요.
힌트2 고려 때는 문과, 잡과, 승과가 있었고, 무인을 뽑는 무과는 없었어요.

① 과거
② 고시
③ 미래

이런 뜻이 있어요

고려 시대

정비하다
(가지런할 整 + 갖출 備)
흐트러진 체계를 정리하여 제대로 갖추다.

→ 고려의 성종은 유교를 바탕으로 여러 행정 조직과 제도를 **정비했어요**.

기본적으로 잘 갖추는 거예요. '나라의 법과 제도 등 기틀을 정리하는 것'도 있지만, '기계 등이 제대로 작동하도록 손질하는 것', '도로나 시설을 이용할 수 있도록 갖추는 것'에도 써요.

파견하다
(물갈래 派 + 보낼 遣)
일정한 할 일을 주어 사람을 보내다.

→ 고려는 5개 도에 '안찰사'를, 양계에는 '병마사'를 **파견해** 관리하게 했어요.

이 말은 '책임자에게 임무를 주어 그곳에 가서 일하도록 하다'예요. 고려는 전국을 5개의 도와 북계, 동계 즉 양계로 나누었어요. 그리고 관리를 파견해 다스리게 했어요.

독자적 (홀로 獨 + 스스로 自 + 과녁 的)
남에게 기대지 않고 혼자서 하는 것.

→ 국방과 외교를 의논하던 '도병마사', '도평의사사'는 고려에만 있는 **독자적** 기관이에요.

남의 도움을 받지 않고 자신의 힘만으로 하는 것을 말해요. 또 '다른 것과 구별되는 그 자체로의 독특한 것'을 이르기도 해요. '남에게 의존하거나 속해 있지 않은 것'을 뜻하는 '독립적'과는 느낌이 조금 다른 말이에요.

61

> **향리** (시골 鄕 + 벼슬아치 吏)
> 고려와 조선 시대에 한 고을에서 대물림으로 내려오던 중인 계급의 관리.
> ➜ 고려 시대 **향리**는 중류층에 속했으며, 지방 행정 실무를 맡아 했어요.

'향리'는 '아전', '구실아치'라고도 해요. 대대로 고을에 살면서 돌아가는 사정을 잘 알았기 때문에 마을 행정 일을 도맡아 했어요. 고려 때는 지방관이 파견되지 못했거나 천민들이 사는 특수 구역이 많아서 향리의 역할이 중요했어요.

> **세습하다** (세대 世 + 엄습할 襲)
> 한집안의 재산이나 신분, 직업 등을 대대로 물려주고 물려받다.
> ➜ 관리들은 집안 대대로 벼슬과 땅을 **세습하면서** 부를 누렸어요.

> **문벌** (문 門 + 가문 閥)
> 대대로 이어 내려오는 그 집안의 사회적 신분이나 지위.
> ➜ 고려가 발전하면서 **문벌** 귀족이 지배 세력으로 등장했어요.

집안의 신분과 부가 대대로 이어지는 게 '세습'이에요. 고려 시대에는 5품 이상의 관리 아들이 시험을 보지 않고도 벼슬을 할 수 있었는데, 이를 '음서'라고 했어요.

비슷한 말에는 '가문', '지체'가 있어요. 고려 중기로 갈수록 높은 벼슬과 넓은 땅을 가지고 권력을 누리는 사람들이 생겨났어요. 이들을 '문벌 귀족'이라고 해요.

※ 아래 빈칸에 어울리는 말을 고르세요.

❶ 관리 최승로는 '☐☐ 28조'를 올려 이상적인 나라를 만들자고 건의했어요.

힌트 1 이 말은 '지금 당장 중요하게 다루어야 할 일'이라는 뜻이에요.
힌트 2 '유교'를 바탕으로 한 정책으로 28가지의 구체적인 방안이 담겨 있어요.

① 의무　　② 현무　　③ 시무

❷ ☐☐☐와 팔관회는 고려 시대 대표 불교 행사이자 나라의 축제였어요.

힌트 1 거리 곳곳에 등불을 밝혀 부처의 덕을 기리는 행사예요.
힌트 2 매년 음력 1월 또는 2월 보름날에 행하고, 술과 음식을 즐겼어요.

① 반상회
② 연등회
③ 참치회

친선 (친할 親 + 착할 善)
서로 친하여 사이가 좋음.

→ 건국 초기 고려는 송나라와는 **친선** 관계에, 발해를 멸망시킨 거란과는 대립 관계에 있었어요.

국제 축구 대회에서 자주 접하는 말인 '친선 경기'는 '서로 관계를 좋게, 잘 유지하기 위해 하는 경기'예요. 외교에서 '친선 관계'는 '서로 도우며 친하게 지낸다'는 뜻이에요. 반대말은 '대립 관계'예요.

담판 (말씀 談 + 판가름할 判)
문제를 해결하기 위해, 관계된 당사자가 의논하여 시비를 가림.

→ 서희는 거란의 소손녕을 찾아가 **담판**을 지었어요.

문제를 대화로 풀면서 해결점을 찾는 방법이에요. 거란이 옛 고구려 땅을 요구하며 쳐들어오자, 고려의 관리 서희는 침략 의도를 알아챘어요. 논리적인 말로 설득해서 물러나게 했지요.

결렬 (결정할 決 + 찢을 裂)
회의나 협상 따위에서 의견이 합쳐지지 않아 갈라서게 됨.

→ 협상 **결렬**을 원치 않았던 서희는 논리적인 설득으로 강동 6주를 손에 넣었어요.

'결렬'은 원래 '갈래갈래 찢어짐'을 뜻해요. 의견이 잘 맞지 않고 합의점을 찾지 못해서 회의 자체가 깨지는 것도 '결렬'이지요. 비슷한 말로는 '파탄'이 있어요.

격파하다 (칠 擊 + 깨뜨릴 破)
상대를 쳐서 없애거나 무찌르다.

→ 귀주 대첩은 10만 거란군을 **격파한** 큰 싸움이에요.

개척하다 (열 開 + 해칠 拓)
어떤 분야를 처음 시작하여 새로이 닦다.

→ 윤관은 여진을 치고 동북 9성을 **개척했어요**.

본래 '단단한 물체를 손이나 발로 쳐서 깨뜨리다'의 뜻이에요. '함선, 비행기 등을 공격하여 무찌르다'의 뜻도 있어요. 거란은 고려를 3번 쳐들어왔는데, 3차 침입 때 강감찬 장군이 귀주의 계곡에서 거란군을 크게 물리쳤어요.

이 말은 원래 '농경지가 아닌 땅을 일구어 논밭을 만들다'의 뜻이에요. 좀 더 확장해 '시작하지 않은 분야를 새롭게 열어 나간다'의 의미로도 많이 쓰여요. 여진을 정벌한 고려의 장군 윤관도 개척 정신이 뛰어난 인물이에요.

축조 (쌓을 築 + 지을 造)
쌓아서 만듦.

→ 천리장성 **축조**로 고려에는 국경선이자 방어선이 생겼어요.

'제방이나 댐, 성곽 등을 쌓아 짓는 것'이 '축조'예요. 고려 북쪽과 서쪽에 있는 여진과 거란은 고려를 수시로 침입했어요. 고려는 이를 막으려 성을 쌓았는데, 그 길이가 약 천 리(400킬로미터)여서 '천리장성'이라 불렀어요.

어맛! 역사가 보이는 **한국사 어휘 퀴즈**

※ 아래 빈칸에 어울리는 말을 고르세요.

❶ ☐☐☐ 은 고려 숙종 때 윤관이 여진을 정벌하기 위해 조직한 군대예요.

힌트1 기병, 보병, 승병으로 구성된 특수 부대예요.
힌트2 윤관은 이 부대를 이끌고 여진을 쳐서 동북쪽에 '9성'을 쌓았어요.

① 별기군　　② 별무반　　③ 별안간

❷ 고려 인종 때 승려 ☐☐ 은 도읍을 서경으로 옮겨야 한다고 주장하며 난을 일으켰어요.

힌트1 풍수지리설의 대가로 알려진 사람이에요.
힌트2 금나라(여진)를 섬기지 말고 정벌하자고 주장했어요.

① 묘청
② 만적
③ 망이

이런 뜻이 있어요

정변 (정사 政 + 변할 變)
반란이나 혁명 등으로 권력을 잡아 정치적으로 변화를 꾀하는 사건.

→ 고려 중기, 차별을 받던 무신들이 **정변**을 일으켜 왕보다 큰 권력을 잡았어요.

'무신'은 '무예나 병법을 보는 무과를 통해 뽑은 신하'예요. '문신'은 '시나 글, 시험을 통해 뽑은 신하' 이지요. 고려는 문신을 우대하고 무신은 무시했어요. 정중부를 비롯한 무신들이 불만을 품고 반란을 일으켰는데, 이를 '무신 정변'이라고 해요.

쟁탈전 (다툴 爭 + 빼앗을 奪 + 싸울 戰)
권력, 자리 등을 두고 다투어 빼앗는 싸움.

→ 무신들은 권력을 두고 100여 년간 **쟁탈전**을 계속했어요.

어떤 물건이나 권리를 차지하기 위해 서로 치열하게 싸우는 거예요. 비슷한 말로 '약탈전'이 있는데, '남의 것을 억지로 빼앗기 위해 폭력을 써서 하는 싸움'이란 뜻으로 더 많이 쓰여요.

모의하다 (꾀할 謀 + 의논할 議)
어떤 일을 꾀하고 의논하다.

→ 최충헌의 노비였던 만적은 개경 노비들을 모아 반란을 **모의했어요**.

기본은 '서로 의논하다'지만, 안 좋은 일을 꾸밀 때도 자주 써요. '범죄를 같이 계획하고 실행할 수단을 의논하다'의 뜻이 있거든요. 이때는 '음모하다'와도 어울려요.

 이런 뜻이 있어요

유목민 (놀 遊 + 칠 牧 + 백성 民)
가축이 먹을 만한 물과 풀을 찾아 주기적으로 떠돌아다니며 사는 민족.

→ **유목민**을 통일한 칭기즈 칸은 동서양을 정벌하여 대제국을 건설했어요.

유목민은 주로 말이나 소를 기르는 목축업을 해요. 중앙아시아, 몽골, 사하라 등 건조한 지대에 살며 풀과 물을 따라 이동하지요. 북쪽의 유목민이던 몽골은 고려를 여러 차례 쳐들어왔어요. 1차 침입 때 고려는 도읍을 개경에서 강화도로 옮겨야 했어요.

항쟁 (막을 抗 + 다툴 爭)
맞서 싸움.

→ 고려 백성들은 몽골의 침입에 끝까지 **항쟁** 의지를 불태웠어요.

포로 (사로잡을 捕 + 사로잡을 虜)
사로잡은 적.

→ 몽골군은 고려의 남녀를 **포로**로 끌고 가서 노비로 부렸어요.

비슷한 말로 '항전'이 있어요. 고려의 백성은 몽골군에 맞서 용감하게 싸웠어요. 승려 장군 김윤후는 처인성에서 몽골의 지휘관을 무찔렀고, 충주성에서는 노비들이 몽골군을 물리쳤어요.

전쟁에서 사로잡은 적군이란 뜻 말고도 '어떤 사람이나 일에 정신이 팔려서 꼼짝 못 하는 상태를 말하기도 해요. '사랑의 포로'처럼요.

어맛! 역사가 보이는 **한국사 어휘 퀴즈**

※ 아래 빈칸에 어울리는 말을 고르세요.

❶ ☐☐☐☐☐ 은 몽골 침입 때 고려 사람들이 만든 대장경으로, 경판 수가 8만여 개가 넘어요.

힌트 1 불경을 모두 모아 목판에 새긴 거예요.
힌트 2 부처의 힘으로 몽골군을 이겨 내고자 만들었어요.

① 팔만대장경   ② 구만대장경   ③ 십만대장경

❷ 몽골의 침입 때 ☐☐☐ 는 근거지를 강화도, 진도, 제주도로 옮기며 마지막까지 싸웠어요.

힌트 1 원래 최씨 무신 정권에서 만든 특수 부대였어요.
힌트 2 좌별초, 우별초, 신의군으로 조직되었어요.

① 이별초
② 태양초
③ 삼별초

이런 뜻이 있어요

강화 (강론할 講 + 화목할 和)
싸우던 두 편이 싸움을 그치고 평화를 되찾음.

→ 원나라를 세운 몽골은 고려와 **강화**를 맺고, 고려의 일에 간섭했어요.

'강화'는 나라끼리 전쟁을 멈추고 화해하는 거예요. 비슷한 말로는 '화친'이 있는데, '나라와 나라 사이에 다툼이 없이 가까이 지냄'을 뜻해요. 나라 이름을 '원'으로 바꾼 몽골은 고려의 세자와 원의 공주를 혼인시켜 고려를 사위 나라로 만들었어요.

조공하다 (임금 뵐 朝 + 바칠 貢)
지배당하는 나라가 지배하는 나라에 때맞추어 예물이나 선물을 바치다.

→ 고려 왕실은 '응방'을 설치해 원나라에 **조공할** 매를 따로 훈련했어요.

유행 (흐를 流 + 다닐 行)
특정한 행동 양식이나 사상이 일시적으로 많은 사람의 관심을 받아서 널리 퍼짐.

→ 남자는 변발, 여자는 족두리를 쓰는 몽골식 풍습이 최신 **유행**이 되었어요.

'조공'의 한자를 보면 '임금을 뵙고 예물을 바침'이란 뜻이에요. 힘이 약한 나라가 힘센 나라에 귀한 물품을 바치는 거였지요. 고려는 원나라에 금, 은, 청자, 사냥매 등을 조공해야 했어요.

원래 '전염병 등이 널리 퍼짐'을 뜻해요. 그러다 '언어, 옷, 취미나 행동 양식이 잠깐 사이에 번져 나가는 것'으로 확장되었어요. 몽골의 지배를 받으면서 고려에는 원나라 풍습이 유행했어요.

 이런 **뜻**이 있어요

출세하다 (날 出 + 세대 世)
사회적으로 성공하거나 유명하게 되다.

→ 권문세족 중에는 몽골의 힘을 이용해 **출세한** 사람들도 있어요.

눈엣가시
몹시 밉거나 싫어 눈에 거슬리는 사람.

→ 개혁의 칼을 휘두르는 신돈을 권문세족들은 **눈엣가시**로 여겼어요.

이 말은 사회적으로 높은 신분에 오르거나 유명세를 타는 거예요. 고려 후기에는 대대로 권력을 누리던 집안, 무신 정권의 자손들, 원의 힘으로 성장한 계층이 지배했어요. 이들을 통틀어 '권문세족'이라 해요.

'눈엣가시'는 눈에 가시가 들어간 것처럼 '불편하고 싫은 사람'을 말해요. 고려의 공민왕은 원의 간섭에서 벗어나 왕권을 세우고자 했어요. 승려 신돈을 등용해 개혁하려 했지만, 권문세족이 반대했어요.

노략질 (노략질할 擄 + 노략질할 掠)
떼를 지어 다니며 사람을 마구 해치거나 돈을 강제로 빼앗는 짓.

→ 최무선은 화약을 만들어 **노략질**을 일삼는 왜구들을 물리쳤어요.

이 말은 '강제로 빼앗다'의 뜻에서 '약탈하다'와 통해요. 고려 말에는 일본 해적인 왜구가 쳐들어와 사람을 해치고 개경을 위협했어요. 새로운 무인 세력들이 이들을 물리치며 백성의 지지를 받았어요.

어맛! 역사가 보이는 한국사 어휘 퀴즈

※ 아래 빈칸에 어울리는 말을 고르세요.

❶ 몽골어의 영향을 받아 생긴 말로, '임금의 식사'를 ☐☐ 라고 해요.

- 힌트1 궁중에서 생활하는 사람들끼리 쓰던 말이에요.
- 힌트2 몽골어 '술런'에서 온 것으로 봐요.

① 보라
② 수라
③ 미라

❷ ☐☐☐ 는 고려 시대 대표적인 국제 무역항으로, 아라비아 상인들까지 드나들었어요.

- 힌트1 황해도 예성강 하류에 있었어요.
- 힌트2 사신을 맞아들이기 위해 세운 안산의 '벽란정'에서 유래한 이름이에요.

① 마라도   ② 제주도   ③ 벽란도

정답 ❶ ② ❷ ③

십자말풀이 ③

① 싸우던 두 편이 싸움을 그치고 평화를 되찾음.
② 약속을 지키게 하려고 상대편에 잡혀 두는 사람이나 물건.
⑥ 일정한 할 일을 주어 사람을 일할 곳으로 보냄.
⑧ 작품이나 강연 등에서 그것을 대표하거나 내용을 보이기 위하여 붙이는 이름.
⑩ 공민왕 때 문익점이 원나라에서 들여온, 무명옷의 원료가 되는 것.
⑪ 망하여 없어진 나라의 백성.
⑫ 고려와 조선 시대에 한 고을에서 대대로 살면서 행정 일을 맡아보던 계급.
⑮ 몽골 침입 때 강화도, 진도, 제주도로 근거지를 옮기며 몽골군과 끝까지 싸운 특수 부대.

① 고려 현종 때 귀주에서 거란군을 크게 격파한 장수.
③ 어떤 범죄나 일을 모여서 의논하고 꾀함.
④ 문제를 해결하기 위해, 관계된 당사자가 말로 의논하고 시비를 가림.
⑤ 단단한 물체를 손이나 발로 차서 깨뜨리거나 어떤 세력을 공격하여 무찌름.
⑦ 상대가 지나치게 세력을 펴지 못하도록 일정한 힘을 가해 억누름.
⑨ 가축이 먹을 만한 물과 풀을 찾아 주기적으로 떠돌아다니며 사는 민족.
⑪ 공자와 맹자의 가르침을 토대로 생긴 학문인 '유학'을 종교적인 관점에서 이르는 말.
⑬ 고려가 북쪽에 쌓은, 길이 400킬로미터(약 천 리)의 긴 성.
⑭ 맨 처음.

회군
(돌아올 回 + 군사 軍)
군사를 돌이켜 돌아가거나 돌아옴.

→ 이성계는 위화도 **회군**으로 개경을 점령했어요.

개국파
(고칠 改 + 나라 國 + 물갈래 派)
새로운 나라를 세우려고 하는 집단.

→ 개혁파 정몽주와 **개국파** 정도전이 갈등을 빚었어요.

이 말은 '위화도 회군'으로 더 잘 알려졌어요. 고려 말 이성계는 압록강 하류의 위화도에서 명나라로 가던 군사를 돌려 개경으로 와서 권력을 차지했어요. 조선 건국의 결정적 사건이랍니다.

성리학을 공부한 신진 사대부들은 고려를 유지하면서 잘못된 제도를 고치자는 '개혁파'와 이성계를 중심으로 새로운 왕조를 세우자는 '개국파'로 나뉘었어요. 결과는 개국파가 이겼어요.

공신 (공 功 + 신하 臣)
나라를 위해 특별한 공을 세운 신하.

→ 조선 개국 **공신** 중 한 사람인 정도전은 유교 중심의 나라를 만들어야 한다고 주장했어요.

'공신'은 나라를 위해 큰 목적을 이룬 신하예요. 나라를 세울 때 큰 힘을 보탠 사람들을 가리켜 '개국 공신'이라고 하지요. '공신'은 또 '어떤 일의 성취에 큰 도움을 준 사람'을 가리키기도 해요. 예를 들어 "이번 계약을 성사시킨 일등 공신은 바로 당신이오."라고 할 때가 그렇지요.

이런 뜻이 있어요

반발하다 (돌이킬 反 + 퉁길 撥)
어떤 행동이나 생각에 대해 거스르고 반대하다.

→ 이성계의 막내아들 방석이 세자가 되자 이방원이 **반발했어요**.

숙청하다 (엄숙할 肅 + 맑을 淸)
입장을 반대하는 사람이나 무리를 추방하거나 없애다.

→ 이방원은 조선 건국의 일등 공신 정도전을 **숙청했어요**.

원래 이 말은 '되받아 퉁기다'의 뜻이지만, 다른 사람의 행동에 반항하는 것으로 의미가 확장되었어요. 이성계의 다섯째 아들 이방원은 아버지가 자신에게 왕위를 물려주지 않은 것에 반발하여 군사를 데리고 난을 일으켰어요.

이 말은 '부정한 일을 저지른 사람을 엄하게 다스리거나 처벌하다'의 뜻이에요. 그 과정에서 뜻을 달리하는 반대파를 없애는 것까지 포함돼요. 왕권이 강해야 한다고 생각한 이방원은 신하 중심의 나라를 주장하는 정도전을 제거했어요.

충효 (충성할 忠 + 효도 孝)
충성과 효도를 아우르는 말.

→ 조선은 **충효**를 강조하는 유교를 나라를 다스리는 바탕으로 삼았어요.

'충성'은 '나라나 임금, 윗사람 등을 위해 몸과 마음을 다함'이란 뜻이고, '효도'는 '부모를 정성껏 섬기는 도리'예요. 예절과 도리를 중시하는 유교에서는 이 두 가지를 가장 중요한 덕목으로 봤어요.

어맛! 역사가 보이는 **한국사 어휘 퀴즈**

❶ 이성계와 신진 ㅅ ㄷ ㅂ 가 힘을 합쳐 '조선'을 건국했어요.

힌트 1 고려 말 새로 등장한 정치 세력으로, 성리학을 공부하고 과거 시험으로 관리가 된 사람들이에요.

힌트 2 정몽주, 정도전이 이 사람들에 해당돼요.

❷ 조선 시대에는 백성의 신분을 알기 위해 ㅎ ㅍ 를 지니게 했어요.

힌트 1 지금의 주민 등록증 같은 역할을 하던 것으로, 사는 곳, 신분, 나이 등이 적혀 있었어요.

힌트 2 16세 이상 남자들만 지니고 다녔어요.

이런 뜻이 있어요

대왕 (큰 大 + 왕 王)
훌륭하고 뛰어난 임금을 높여 부르는 말.

→ 세종 **대왕**은 백성이 살기 좋은 나라를 만들기 위해 항상 노력했어요.

창제 (비롯할 創 + 지을 製)
전에 없던 것을 만듦.

→ 세종의 한글 **창제** 소식에 일부 신하들이 득달같이 반대했어요.

훌륭한 업적을 이룬 왕을 일컬어요. 조선 제4대 왕 세종은 과학 기술과 문화, 농업, 국방 등 여러 분야에서 훌륭한 업적을 이루어 냈어요. 기록에 따르면 성품 또한 총명하고 어질어서 위대한 왕이라 불리기에 손색없답니다.

'창제'는 새로운 물건이나 제도를 처음으로 만드는 거예요. 세종은 백성이 글자를 읽고 쓸 수 있도록 혀와 입술 모양에서 과학적인 원리를 찾아 우리 글자를 만들었어요. 이를 '훈민정음'이라 하며, '백성을 가르치는 바른 소리'란 뜻이에요.

반포하다 (나눌 頒 + 베 布)
세상에 널리 퍼뜨려서 모두 알게 하다.

→ 1443년 훈민정음 28자를 만든 세종은 3년 뒤 온 나라에 **반포했어요**.

이 말은 세상 사람들이 알게 하도록 널리 퍼뜨리는 거예요. '유포'는 '세상에 널리 퍼뜨림'이란 뜻인데, 안 좋은 정보를 알게 하는 쪽이에요. '배포'는 '신문이나 책자 따위를 널리 나누어 줌'을 뜻해요.

이런 뜻이 있어요

편찬하다 (엮을 編 + 모을 纂)
여러 가지 자료를 모아 일정한 체계에 따라 정리하여 책을 만들다.

➡ 조선 시대 법전인 《경국대전》은 세조 때부터 **편찬하기** 시작해 성종 대에 완성되었어요.

이 말은 자료를 수집하여 책을 만드는 것으로, 비슷한 말로는 '엮다', '짓다'가 있어요. 조선 전기에는 농사를 잘 짓는 방법을 엮은 《농사직설》, 고을의 사정을 자세히 기록한 《세종실록지리지》 등이 편찬되었어요.

거사 (들 擧 + 일 事)
큰일을 일으킴.

➡ 수양 대군은 왕위를 빼앗기 위한 **거사**를 감행해 조선 제7대 왕 세조가 되었어요.

가담하다 (더할 加 + 멜 擔)
같은 편이 되어 일을 함께하거나 돕다.

➡ 단종 복위에 직접 **가담하지** 않았지만 절개를 지킨 6인을 '생육신'이라 해요.

'거사'는 반란이나 혁명 같은 큰일을 일으키는 거예요. 세종의 둘째 아들 수양 대군은 조카 단종의 왕위를 노렸어요. 단종을 지키던 김종서를 해치우고, 동생인 안평 대군도 귀양 보냈어요.

세조가 단종의 왕위를 빼앗자 저항한 신하들이 있었어요. 이들은 단종 복위 운동을 계획했지만 발각되었어요. 이 일에 가담하여 죽임을 당한 여섯 사람을 '사육신'이라 불러요.

어맛! 역사가 보이는 **한국사 어휘 퀴즈**

 조선 시대

❶ ㅈ ㅇ ㅅ 은 세종 때의 과학자로, '혼천의', '앙부일구' 등을 만들었어요.

힌트 1 원래 관청에 소속된 노비였어요.
힌트 2 세종의 전폭적인 지지로 명나라에 가서 과학 기술을 공부하고 왔어요.

❷ 《 ㅈ ㅅ ㅇ ㅈ ㅅ ㄹ 》은 조선의 역사를 왕별로 기록한 책이에요.

힌트 1 태조부터 철종까지 25대 472년의 역사 기록이 담겨 있어요.
힌트 2 우리나라 국보이며, 1997년 유네스코 세계 기록 유산으로 등재되었어요.

정답 ❶ 장영실 ❷ 조선왕조실록

85

이런 뜻이 있어요

조선 시대

양반 (두 兩 + 나눌 班)
고려와 조선 시대에 지배층을 이루던 신분으로, 지체 높은 상류 계급에 속한 사람.

→ 조선 시대 **양반**은 특별하게 대접받는 지배층이었어요.

부역 (구실 賦 + 부릴 役)
나라에서 특정한 공익사업을 위해 대가 없이 국민에게 의무적으로 지우는 노동.

→ 조선 시대 양인이 해야 할 **부역**에는 요역과 군역이 있었어요.

'양반'은 관직에 오른 '문반(문관)과 무반(무관)'을 합친 말로 양인에 속했어요. 그러다 차츰 '신분 높은 사대부'를 가리키게 됐어요. 양인은 군역과 요역의 의무가 있지만, 양반은 관리로서 일하는 걸로 대신했어요.

나라에서 백성을 동원해 큰 공사나 전쟁에서 일을 시킬 수 있었어요. 공사, 토목에 동원되는 일은 '요역'이라 하고, 군인으로서 나라를 지키는 의무는 '군역'이에요. 요역과 군역 모두 양인의 의무였지만, 양반은 여기에서 제외되었어요.

관혼상제 (갓 冠 + 혼인할 婚 + 죽을 喪 + 제사 祭)
관례, 혼례, 상례, 제례를 아울러 이르는 말.

→ 유교 중심의 조선 사회에서는 **관혼상제**를 더욱 중요하게 여겼어요.

백성이 유교의 예법에 따라 하는 4가지 행사예요. '관례'는 '어른이 되는 의식'이고, '혼례'는 '혼인을 치르는 의식', '상례'는 '죽은 이를 장례 지내는 의식', '제례'는 '조상에게 제사를 지내는 의식'이에요.

삼강오륜 (석 三 + 벼리 綱 + 다섯 五 + 인륜 倫)
유교 도덕에서 기본이 되는 세 가지 방침과 다섯 가지 지켜야 할 도리.

→ **삼강오륜**의 덕목 중 '붕우유신'은 친구 사이의 믿음을 강조했어요.

'삼강'은 '신하는 임금을, 아들은 아버지를, 아내는 남편을 근본으로 섬겨야 한다'는 내용을 담고 있어요. '오륜'은 '부모와 자식 사이에는 친함이, 임금과 신하 사이에는 의리가, 남편과 아내 사이에는 서로 다름이, 어른과 아이 사이에는 차례가, 친구 사이에는 믿음이 있어야 한다'는 것이랍니다.

종사하다 (좇을 從 + 일 事)
어떤 일을 일삼아서 하다.

→ 중인은 전문적인 일에 **종사했지만** 양반처럼 좋은 대우를 받지 못했어요.

육의전 (여섯 六 + 어조사 矣 + 가게 廛)
조선 시대 운종가에 있던 상점.

→ **육의전**의 상인들은 귀한 물건을 독차지해 팔아서 큰 이익을 얻었어요.

'종사하다'는 보통 '직업으로써 일하는 것'을 말해요. 조선 시대의 중인은 양반과 상민 사이에 있던 신분으로, 주로 의사, 법률가, 통역관, 향리 등에 종사했어요.

한양의 중심인 운종가에는 나라의 허락을 받고 비단, 명주, 무명, 모시, 종이, 어물을 사고팔던 상점이 있었어요. 왕실과 관청에서 쓸 여섯 가지 물건이었지요.

어맛! 역사가 보이는 한국사 어휘 퀴즈

조선 시대

❶ 농촌에서는 일손이 부족할 때 일을 거들어 주고 일로 갚는 ㅍ ㅇ ㅇ 를 했어요.

- 힌트 1 : 마을 공동 조직인 '두레'보다 규모가 작은 단순 작업을 주로 했어요.
- 힌트 2 : 일을 하는 '품'과 '교환하다'의 뜻인 '앗이'가 합쳐진 말이에요.

❷ 조선 시대 예술가이자 율곡 이이의 어머니인 신사임당은 훌륭한 여성의 ㄱ ㄱ 으로 평가받고 있어요.

- 힌트 1 : '거울로 삼아 본받을 만한 모범'이란 뜻이에요.
- 힌트 2 : 비슷한 말로 '본보기'가 있어요.

사대하다 (일 事 + 큰 大)
작은 나라가 크고 강한 나라를 섬기다.

→ 태종이 즉위한 이후부터 조선은 명나라를 계속해서 **사대했어요**.

'사대'는 큰 나라를 섬기는 거예요. 조선 전기에는 세력이 강한 명나라를 섬기며 의존했어요. 대신 앞선 중국의 문물을 받아들였지요. 하지만 점차 명나라가 약해지면서 훗날 조선 내부에서도 많은 갈등이 생겼어요.

역시 농구는 미국이지.

너 지금 사대하는 거냐?

회유책
(품을 懷 + 부드러울 柔 + 꾀 策)
좋은 말이나 조건으로 구슬리려는 정책.

→ 조선은 이웃 나라에 강경책과 **회유책**을 함께 써서 평화 유지에 힘썼어요.

'회유책'은 '적당한 조건을 내세워 상대를 달래며 관계를 유지하는 정책'이에요. '강경책'은 '타협이나 양보 없이 상대를 힘 있게 대하는 전략'이에요. 초기 조선은 여진과 일본에 강경책과 회유책을 써서 친하게 지내는 방향으로 갔어요.

봉수
(봉화 烽 + 부싯돌 燧)
고려·조선 시대에 불이나 연기를 피워 위급한 상황을 알리던 제도.

→ **봉수**는 조선 시대 대표 통신 수단이에요.

조선 시대에는 산봉우리에 불을 피워 낮에는 연기로, 밤에는 불로 신호를 보내서 위급한 상황을 전달했어요. 봉수대에 피어오르는 봉화의 개수를 통해 어떤 상황인지 파악할 수 있었어요.

 이런 뜻이 있어요

등한시하다 (무리 等 + 한가할 閑 + 볼 視)
무언가에 무관심하거나 소홀하게 보아 넘기다.

→ 조선이 국방을 **등한시한** 틈을 타 일본이 쳐들어왔어요.

비슷한 말로는 '상관하지 않고 무시하다'의 뜻인 '도외시하다'가 있어요. 200년간 외적의 침입을 받지 않았던 조선은 나라를 지킬 준비에 소홀했어요. 그 결과, 임진왜란을 겪게 되었어요.

충무공
(충성할 忠 + 굳셀 武 + 공변될 公)
나라에 무공을 세워 죽은 후 '충무'라는 시호를 받는 사람을 높여 부르는 말.

→ **충무공** 이순신은 수군 최고의 지휘관이자 명장입니다.

피란
(피할 避 + 어지러울 亂)
난리를 피하여 옮겨 감.

→ 일본군이 한양을 장악하자 선조는 의주로 **피란**을 갔어요.

'충무'는 조선 시대에 무관에게 내리는 최고의 칭호예요. 뒤에 붙은 '공(公)'은 존칭이에요. 조선 시대에 '충무'라는 시호를 받은 사람은 9명이에요. 1592년 임진왜란 때 일본군을 물리치는 데 큰 공을 세운 이순신 장군이 그중 한 분이에요.

'피란'은 '전쟁 같은 난리를 피함'의 뜻이고 '피난'은 '천재지변 같은 재난을 피함'이에요. 넓게 보면 전쟁도 재난에 속하기 때문에 두 말을 번갈아 쓸 수 있지만, 대체로 전쟁처럼 규모가 큰 난리에는 '피란'을 쓴답니다.

어맛! 역사가 보이는 **한국사 어휘 퀴즈**

❶ 이순신 장군은 한산도 앞바다에서 ㅎ,ㅇ,ㅈ 전법으로 일본 수군을 크게 무찔렀어요.

힌트 1 '학이 날개를 펼친 듯한 모양으로 전선을 배치하는 것'이에요.
힌트 2 이 전법을 성공시키기 위해 이순신 장군은 아군과 적군의 배 사이 거리를 정확히 파악해서 대포를 쏘았어요.

❷ 임진왜란 때 ㅇ,ㅂ 들은 마을 지리를 잘 아는 점을 살려 지역에서 전투를 했어요.

힌트 1 '의를 위해 일어난 병사'라는 뜻으로, 백성이 자발적으로 만든 군대예요.
힌트 2 홍의 장군으로 불린 '곽재우'가 제일 처음 이것을 일으켰어요.

정답 ❶ 학익진 ❷ 의병

중립 (가운데 中 + 설 立)
어느 편에도 치우침 없이 그 중간적인 입장에 서는 일.

→ 광해군은 후금과 명나라 사이에서 **중립** 외교를 펼치며 전쟁을 피했어요.

이 말은 '나라 사이의 분쟁이나 전쟁에 관여하지 않고 중간 입장을 지킴'이란 뜻도 있어요. 나라 사이에서 중간에 서는 게 쉽지 않은데, 지리적인 특성과 정치적인 상황이 맞물리면 가능하기도 해요. 임진왜란이 끝나고 광해군은 명나라와 후금 사이에서 중립을 지키며 신중한 외교를 했어요.

배척하다 (물리칠 排 + 물리칠 斥)
따돌리거나 거부하여 밀어 내치다.

→ 후금을 **배척해야** 한다고 여긴 세력이 광해군 대신 인조를 왕으로 세웠어요.

견해 (볼 見 + 풀 解)
사물이나 현상을 바라보는 생각이나 입장.

→ 청과 싸워야 한다는 **견해**와 화해해야 한다는 **견해**가 팽팽히 맞섰어요.

어떤 사실이나 일, 사람을 반대하거나 거부할 때 써요. 비슷한 말로는 '받아들이지 않고 물리쳐 제외하다'의 뜻을 가진 '배제하다', '어떤 의견 등을 물리치다'의 뜻인 '배격하다'가 있어요.

비슷한 말로 '소견', '의견' 등이 있어요. 세력을 키운 청나라가 조선에 쳐들어와 '병자호란'을 일으키자, 인조는 남한산성으로 피란을 갔어요. 이때 신하들은 두 가지 견해로 나뉘었어요.

 이런 뜻이 있어요

굴욕적 (굽을 屈 + 욕될 辱 + 과녁 的)
남에게 억눌려 업신여김을 받거나 그렇게 느끼게 하는 것.

→ 병자호란에 패한 인조는 청나라에 **굴욕적**인 항복을 했어요.

다른 사람에게 무시당하거나 욕을 들으면 창피해요. 이러한 느낌을 '굴욕감'이라고 해요. 청나라 군대가 남한산성을 둘러싸자 인조는 결국 항복했어요. 청나라 태종 앞에서 세 번 절하고, 아홉 번 이마를 땅에 대며 황제 나라로 섬기겠다고 했지요.

단절하다 (끊을 斷 + 끊을 切)
교류나 관계를 완전히 끊다.

→ 조선은 일본과 **단절한** 국교를 다시 시작하기로 했어요.

사절단 (부릴 使 + 마디 節 + 둥글 團)
국가를 대표하여 일정한 사명을 띠고 다른 나라에 파견되는 사람들의 무리.

→ 조선은 일본에 **사절단**을 파견했어요.

더는 교류하지 않는 거예요. 비슷한 말로는 '절단하다', '담쌓다'가 있어요. 임진왜란 이후 조선은 일본과 외교를 끊었어요. 하지만 일본에서 먼저 국교를 하자고 간청했어요.

'사절단'은 나라를 대표하여 일을 성사시키러 가기 때문에 책임감이 커요. 일본과 국교를 시작하고 나서 조선은 일본에 사절단을 보냈어요. 이를 '통신사'라고 했는데, '두 나라가 서로 믿음으로써 교류한다'는 뜻이에요.

어맛! 역사가 보이는 **한국사 어휘 퀴즈**

❶ 숙종 때 안용복은 일본에 맞서 울릉도와 `ㄷ,ㄷ`가 조선 땅임을 확인하는 문서를 받아 냈어요.

- 힌트 1: 경상북도 울릉군에 속하는 화산섬으로, 동도와 서도로 이루어져 있어요.
- 힌트 2: 옛 이름은 '우산도'예요.

❷ 《`ㄷ,ㅇ,ㅂ,ㄱ`》은 동양에서 가장 우수한 의학서로 평가받아요.

- 힌트 1: 허준이 선조의 명령으로 만들기 시작해 광해군 때 완성했어요.
- 힌트 2: '동쪽 나라의 귀하고 보배로운 의술을 담은 책'이란 뜻이에요.

정답 ❶ 독도 ❷ 동의보감

가로 풀이

① 유교 사상을 체계화하여 제자들에게 가르친 사상가.
③ 12세에 왕위에 올랐으나 숙부인 수양 대군에게 왕위를 빼앗긴 왕.
④ 자기의 의견을 바꾸지 않고 굳게 버팀.
⑥ 운종가에서 왕실과 관청에서 쓸 여섯 가지 물건을 팔던 가게.
⑨ 작은 나라가 크고 강한 나라를 받들어 섬김.
⑩ 나라나 공공 단체에서 특정한 공익 사업을 위해 대가 없이 국민에게 의무적으로 지우는 노동.
⑫ 조선의 통치 이념으로, 우주의 원리와 인간의 심성을 연구한 학문.
⑮ 임진년에 일본이 조선에 침입해 7년 동안 벌인 전쟁.

세로 풀이

① 나라에 특별한 공을 세운 신하.
② 조선 제4대 왕. 한글을 창제하였고 왕조의 기틀을 튼튼히 함.
⑤ 세종 때 훈민정음 창제를 도운 학문 연구 기관.
⑦ 외적의 침입을 물리치기 위해 백성들이 스스로 조직한 군대. 임진왜란 때 크게 활약했음.
⑧ 가면극, 인형극, 줄타기 등을 하던 직업적인 예능인을 이르는 말.
⑨ 고려 및 조선에서의 상류층으로, 학자 출신의 관리를 이르는 말.
⑪ 조선 시대 통역을 맡아보는 중인 출신의 관리.
⑬ 겨루어서 이김.
⑭ 학이 날개를 편 듯이 치는 진으로, 한산도 대첩에서 이순신 장군이 펼쳐서 적을 대파한 전법.
⑯ 난리를 피하여 옮겨 감.

붕당 (벗 朋 + 무리 黨)

조선 시대에 학문과 정치에 있어 뜻이나 이익이 같은 사람끼리 모인 집단.

→ 처음에 **붕당**은 당파끼리 서로 견제하고 비판하면서 바른 정치를 하고자 했어요.

유교를 학문으로써 연구하고 실천하는 학자들의 모임이 '사림'이에요. 조선 중기를 지나면서 이들은 정치적인 색깔을 띠면서 '동인', '서인', '노론', '소론' 등으로 무리를 이루어 저마다 목소리를 냈어요. 마치 오늘날 정치의 '당'과 비슷해요.

변질되다
(변할 變 + 바탕 質)

성질이 달라지거나 물질의 질이나 성격이 다른 것으로 변하게 되다.

→ 붕당은 점차 **변질되어** 상대 세력을 인정하지 않고 무너뜨리려 했어요.

본래의 성질과 달라지거나 변하게 되는 거예요. 예를 들어 '미생물 등의 작용으로 음식 맛이 변하거나 상하는 것'에 이 말을 쓰지요. 또 '어떤 이념이나 사상이 처음과 달라지는 것'에도 써요.

탕평책
(털어 없앨 蕩 + 평평할 平 + 꾀 策)

조선 영조 때, 당파에 치우치지 않고 고르게 인재를 등용하던 정책.

→ 영조와 정조는 정치적 안정을 위해 강력한 **탕평책**을 실시했어요.

'탕평'은 '논쟁 따위에서 어느 쪽에도 치우침이 없이 공평함'을 뜻하는 '탕탕평평'의 줄임말이에요. 붕당 정치가 심각해지자, 영조는 인재를 여러 당파에서 골고루 뽑아 채용했어요.

 이런 뜻이 있어요

완공되다 (완전할 完 + 장인 工)
건축물이 완전하게 다 만들어지다.

→ 1796년, 거중기를 이용해 축조한 수원 화성이 **완공되었어요**.

공사가 완성되는 거예요. 비슷한 말로는 '공사가 다 끝나다'의 뜻인 '준공되다'가 있어요. 정조는 새로운 과학 기술을 바탕으로 수원 화성을 건설했어요. 상업의 중심지로 이용하면서 왕권을 강화할 목적이었어요.

실학 (열매 實 + 배울 學)
조선 후기, 실생활에 유용하게 쓰이는 걸 목표로 한 학문.

→ 실학자들은 현실에 쓸모 있는 학문인 **실학**을 연구하기 시작했어요.

박해하다 (다칠 迫 + 해로울 害)
강한 사람이 약한 사람을 못살게 굴어서 해롭게 하다.

→ 조선 왕실과 양반들은 사회를 어지럽힌다는 이유로 천주교를 **박해했어요**.

실제로 쓰기 알맞은 것을 '실용적'이라고 해요. '실학'은 말 그대로 '실용적인 학문'이에요. 농업, 과학, 천문학, 상공업 등을 중심으로 백성의 삶에 도움이 되는 문제를 연구하는 것이지요.

보통 종교나 이념을 문제 삼아 괴롭히는 것에 이 말을 써요. 조선 후기에 서양의 종교인 천주교가 들어왔어요. '하느님 앞에 모두가 평등하다'는 교리를 지배층은 마음에 들어 하지 않았어요.

어맛! 역사가 보이는 한국사 어휘 퀴즈

※ 아래 빈칸에 어울리는 말을 고르세요.

❶ 정조는 왕실 도서관이자 학문 연구 기관인 ☐☐☐ 을 만들었어요.

힌트1 창덕궁 안에 있으며, 책뿐만 아니라 '왕들의 글과 글씨'를 보관했어요.
힌트2 젊고 유능한 인재들이 이곳에서 나랏일을 연구했어요.

① 초감각　　② 규장각　　③ 보신각

❷ ☐☐☐ 은 실학을 완성한 실학자로, 정치·경제·건축·과학 등 여러 분야에 능통했어요.

힌트1 호는 '다산', '여유당'으로, 전라남도 강진에 '다산 초당'이 있어요.
힌트1 《목민심서》, 《흠흠신서》, 《경세유표》 등 500여 권의 책을 썼어요.

① 정도전
② 정약전
③ 정약용

이런 뜻이 있어요

쌍벽 (두 雙 + 구슬 璧)

여럿 가운데 우열을 가릴 수 없이 뛰어난 두 사람이나 사물을 이르는 말.

→ 김홍도와 신윤복은 조선 시대 풍속화에서 **쌍벽**을 이루었어요.

이 말은 '두 개의 보물 같은 구슬'이란 뜻으로, 둘 다 훌륭해서 우열을 가리기 힘들 때 써요. 조선 후기에는 백성의 생활 모습을 그린 '풍속화'가 유행했어요. 긴 수명과 복을 기원하며 꽃, 호랑이, 까치 등을 그린 '민화'도 인기 많았지요.

풍자하다 (욀 諷 + 찌를 刺)

무엇에 빗대어 상대의 결점이나 모순을 꼬집어 깨우치게 하다.

→ 박지원의 《양반전》은 양반의 위선적인 생활을 **풍자한** 소설이에요.

즉흥적 (곧 卽 + 일어날 興 + 과녁 的)

그 자리에서 일어나는 흥이나 기분에 따라 하는 것.

→ 조선 후기에는 큰 장터를 중심으로 **즉흥적**인 공연이 펼쳐졌어요.

조선 후기로 가면서 서민들이 한글을 읽고 문학이나 예술 작품을 접하는 기회도 생겨났어요. 양반들의 모순을 꼬집고 비판하는 한글 소설이나 판소리, 탈놀이 등을 즐겼어요.

판소리와 탈놀이는 청중 앞에서 즉흥적으로 노래하고 춤을 추는 예술이에요. 공연자들은 구경꾼들의 반응을 보면서 대사를 바로바로 바꾸며 흥을 돋우었어요.

 이런 뜻이 있어요

전기수 (전할 傳 + 기이할 奇 + 늙은이 叟)
돈을 받고 이야기책을 읽어 주던 전문 이야기꾼.

→ **전기수**가 이야기를 멈추면, 사람들은 다음 대목이 궁금해 돈을 던졌어요.

'기이한 이야기를 전하는 노인'이란 뜻으로, 여기에서 기이한 이야기는 '소설'이에요. 전기수는 글을 읽을 줄 모르는 사람들에게 소설 속 인물, 장면, 분위기를 실감 나게 읽어 주고 돈을 벌었어요.

위조하다 (거짓 僞 + 지을 造)
물건을 속일 목적으로 진짜처럼 만들다.

→ 부유한 상민들이 양반의 족보를 사거나 **위조해서** 양반이 되었어요.

답사하다 (밟을 踏 + 조사할 査)
실제 장소에 가서 직접 보고 조사하다.

→ 김정호가 **답사해** 만든 《대동여지도》는 산, 강, 길이 자세히 표시돼 있어요.

조선 후기에는 농업과 상공업이 발전하면서 부유한 상민들이 많아졌어요. 이들은 양반의 혜택을 누리고 싶어서 돈으로 벼슬을 사고, 문서를 위조해 세금과 군역을 면제받았어요.

발품을 팔아 현장에 가서 보고 조사하는 거예요. 지리학을 연구하던 김정호는 여러 지도와 지도책을 참고하고, 우리나라를 직접 돌아다니며 조사한 끝에 《대동여지도》를 완성했어요.

어맛! 역사가 보이는 **한국사 어휘 퀴즈**

※ 아래 빈칸에 어울리는 말을 고르세요.

❶ ☐☐☐ 은 흉년 때, 자신의 돈으로 육지에서 쌀을 사 와 제주 백성을 도왔어요.

힌트1 기생 신분에서 벗어나 장사를 시작해 큰돈을 모은 제주 상인이에요.
힌트2 정조의 명에 따라 영의정 채제공은 그녀의 선행을 기록한 〈만덕전〉을 지었어요.

① 김만덕
② 김개똥
③ 김선덕

❷ ☐☐☐ 은 봇짐과 등짐을 지고 전국 장시를 돌아다니며 장사를 했어요.

힌트1 '봇짐장수'를 뜻하는 '보상'과 '등짐장수'를 뜻하는 '부상'을 합친 말이에요.
힌트2 지방의 여러 시장을 다니며 생산자와 소비자를 이어 주었어요.

① 보부상
② 개근상
③ 도매상

정답 ❶ ① ❷ ①

과감한 결정

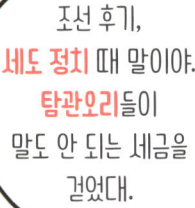

세도 정치 (기세 勢 + 길 道 + 정사 政 + 다스릴 治)
왕실과 혼인 관계를 맺은 가문이 나라 정치를 좌지우지하는 정치.

➜ **세도 정치**로 왕실의 권위가 떨어지고 백성의 삶은 더 힘들어졌어요.

'외척'은 '어머니 쪽의 친척'으로, 정조 이후로 조선 왕실은 이 외척들이 권력을 잡고 세도 정치를 했어요. 순조, 헌종, 철종에 이르기까지 60여 년간 안동 김씨와 풍양 조씨가 주요 관직을 차지했답니다.

문란 (어지러울 紊 + 어지러울 亂)
도덕, 질서 등이 지켜지지 않고 어지러움.

➜ 관리들의 부정부패와 삼정 **문란**으로 백성의 삶이 더욱 힘들어졌어요.

봉기 (벌 蜂 + 일어날 起)
벌 떼처럼 무리 지어 세차게 일어남.

➜ 평안도, 진주, 전라도 등 전국에서 농민들의 **봉기**가 끊이지 않았어요.

조선 후기 때, 백성이 내는 세금은 토지에 매기는 세금(전정), 군대 가는 대신 내는 군포(군정), 곡식을 빌려 쓰고 갚는 세금(환곡)으로, 이들을 가리켜 '삼정'이라 했어요. 그런데 이 제도가 관리들의 욕심과 횡포로 엉망이 되었어요.

'나랏일에 불만을 품고 사람들이 들고일어나는 것'을 '봉기'라고 해요. 가혹한 세금에 시달리던 백성들이 불만을 드러냈어요. 1811년 평안도 지역에서 홍경래가 들고일어났고, 1862년에는 진주에서 농민들이 봉기했어요.

109

이런 뜻이 있어요

과감하다 (열매 果 + 감히 敢)
행동이나 결정을 주저함 없이 하다.

➜ 고종의 아버지 흥선 대원군은 **과감한** 개혁 정책을 폈어요.

중건하다 (거듭 重 + 세울 建)
절이나 왕궁을 보수하거나 고쳐 짓다.

➜ 흥선 대원군은 경복궁을 **중건해** 왕실의 권위를 세우고자 했어요.

'과감하다'는 용기를 가지고 일을 딱 잘라 결정하고 행동하는 거예요. 뒷일까지도 어느 정도 헤아리고 결정하지요. '뒷일을 생각지 않고 무작정 도전하다'의 '무모하다'와는 구별해 쓰세요.

비슷한 말 '재건하다'는 '허물어진 건물 따위를 다시 세우다'의 뜻이에요. 엄밀히 따져서 '보수'에 초점이면 '중건', '다시 세우다'에 초점이면 '재건'인데, 경복궁에는 이 두 어휘를 다 써요.

암행어사 (어두울 暗 + 다닐 行 + 거느릴 御 + 역사 史)
왕명을 받아 몰래 백성의 어려움을 살피고 바로잡는 일을 하던 임시 벼슬.

➜ **암행어사**는 어사 신분을 나타내는 마패를 지니고 다녔어요.

"암행어사 출두야!"란 말을 들어 봤을 거예요. '암행'은 '어두울 때 다니다'란 뜻이고, '어사'는 '왕의 명령을 받아 지방에 내려가 일을 수행하던 벼슬'이에요. 지방 관리의 부정부패나 민심 등을 살폈어요.

어맛! 역사가 보이는 한국사 어휘 퀴즈

※ 아래 빈칸에 어울리는 말을 고르세요.

❶ 《☐☐☐☐》은 허균이 지은 우리나라 최초의 한글 소설이에요.

힌트1 능력이 뛰어나지만 재상가 서얼로 태어나 차별을 받는 주인공이 나와요.
힌트2 의로운 도적이 된 주인공이 못된 관리를 혼내고 백성을 도와요.

① 별주부전
② 홍길동전
③ 해물파전

❷ 세도 정치 시기에 탐욕스럽고 부정부패를 일삼는 ☐☐☐☐가 늘었어요.

힌트1 '백성의 재물을 탐내어 빼앗는, 행실 나쁜 관리'예요.
힌트2 《춘향전》에 나오는 변학도가 대표적인 인물이에요.

① 북경오리
② 꽃봉오리
③ 탐관오리

 이런 뜻이 있어요

조선 시대

통상 (통할 通 + 장사 商)
나라들 사이에 서로 물건을 사고팔고 함.

→ 19세기 초부터 서양 여러 나라들이 조선 정부에 **통상**을 요구했어요.

나라와 나라 사이에서 이루어지는 물품 거래예요. 비슷한 말로는 '무역', '교역', '수출입' 등이 있어요. 1866년 병인년에 프랑스가 조선에 무역을 요구하며 강화도를 쳐들어왔어요. 그때까지 조선은 서양과 교류할 생각이 없었어요.

약탈하다
(노략질할 掠 + 빼앗을 奪)
폭력을 써서 남의 것을 억지로 빼앗다.

→ 병인양요 때, 조선에 패한 프랑스는 책, 곡식, 문화재 등을 **약탈해** 갔어요.

수교하다
(닦을 修 + 사귈 交)
나라와 나라 사이에 외교 관계를 맺다.

→ 흥선 대원군은 서양과 **수교하지** 않겠다는 '통상 수교 거부 정책'을 펼쳤어요.

문화재나 재물을 억지로 앗아갈 때 쓰는 말이에요. 비슷한 말로는 '강제로 빼앗다'의 뜻을 가진 '수탈하다', '떼를 지어 다니며 재물을 빼앗다'의 '노략하다'가 있어요. 상황에 따라 적절하게 쓰고 이해하면 돼요.

비슷한 말로는 '국교하다'가 있어요. '나라끼리 외교를 맺고 교류하다'의 뜻이에요. 서양의 프랑스, 미국뿐 아니라 한반도 주변의 일본, 러시아도 수교를 하자고 요구했어요. 조선의 문이 열리는 것은 시간문제였어요.

 이런 뜻이 있어요

열강 (벌일 列 + 강할 强)
국제 문제에서 큰 역할을 담당하고 있는 여러 강한 나라.

→ 19세기 조선은 서구 **열강**과 일본, 청나라 등의 위협에 시달렸어요.

개항 (열 開 + 항구 港)
항구를 열어 외국의 배들이 출입할 수 있게 허가함.

→ **개항** 이후 새로운 외국 문물이 물밀듯이 들어왔어요.

국제 관계에서 강력한 권한을 행사하는 강대국을 '열강'이라고 해요. 서양의 미국, 영국, 프랑스, 독일 등이에요. 일찌감치 산업 혁명을 거친 이들 나라는 동아시아에 물품을 팔고 권력을 행사하고 싶어 했어요.

외국 배들이 우리나라 항구에 드나드는 걸 허락하는 거예요. 1875년 강화도에 무턱대고 다가온 일본의 운양호에 조선이 경고의 의미로 쏜 대포를 빌미로, 일본은 조선에 통상을 요구했어요. 결국 꽁꽁 닫아건 항구의 문이 열렸어요.

개화 (열 開 + 될 化)
다른 나라의 문화와 제도를 받아들여 낡은 사상이나 제도 등을 새롭게 발전시켜 나가는 것.

→ 조선을 근대 국가로 만들기 위해 개화파는 여러 **개화** 정책을 폈어요.

'개화'는 중국 경전인 《주역》에서 나온 말로, '지혜가 열려 새로운 사상, 문물, 제도 등을 가지게 됨'을 뜻해요. 개항 이후, 서양과 일본의 문물을 빠르게 받아들여 조선의 제도와 사상 전체를 개혁해야 한다고 주장하는 '개화파'가 등장했어요.

어맛! 역사가 보이는 한국사 어휘 퀴즈

※ 아래 빈칸에 어울리는 말을 고르세요.

❶ 흥선 대원군은 서양을 배척하겠다는 뜻으로 전국에 ☐☐☐를 세웠어요.

힌트 1 병인양요와 신미양요를 겪은 뒤에 세워졌어요.
힌트 2 '서양 오랑캐와 사이좋게 지내는 것을 거부하고 내친다'는 뜻이에요.

① 순수비
② 척화비
③ 기념비

❷ ☐☐☐☐☐은 조선이 외국과 처음 맺은 근대적 조약이자 불평등 조약이에요.

힌트 1 1876년 일본의 압박으로 맺은 조약이에요.
힌트 2 이를 시작으로 미국, 영국, 독일, 러시아, 프랑스 등과도 불평등 조약을 맺었어요.

① 영종도 조약
② 울릉도 조약
③ 강화도 조약

이런 뜻이 있어요

창시하다 (비롯할 創 + 비로소 始)
어떤 사상을 처음으로 시작하거나 내세우다.
→ 최제우가 **창시한** 동학은 '인간 평등 사상'을 기본으로 하고 있어요.

밀고 (빽빽할 密 + 알릴 告)
다른 사람을 남몰래 넌지시 일러바침.
→ 우금치 전투에서 패한 전봉준은 부하의 **밀고**로 잡혀 처형당했어요.

종교나 사상 등을 새롭게 펼치는 거예요. '동학'은 탐관오리의 수탈과 외세의 침입에 저항하여 최제우가 세상과 백성을 구하기 위해 만든 종교예요. 농민들 사이에 빠르게 퍼져 나가, 1894년 '동학 농민 운동'으로 전개됐어요.

'남모르게 연락함'을 뜻하는 '암통'이나 '고자질'과 통해요. '녹두 장군'으로 알려진 전봉준은 동학 농민군을 이끌고 나랏일에 간섭하는 일본에 대항했어요. 하지만 현상금에 눈이 먼 부하가 전봉준을 배반했어요.

근대화 (가까울 近 + 대신할 代 + 될 化)
정치·경제·사회·문화·가치관 등의 구조가 변화하면서 이전보다 나은 생활 조건이 되어 가는 상태. 또는 그러한 과정.
→ 조선은 개항 이후 사회 여러 분야에서 **근대화**를 추진해 나갔어요.

'근대'는 '얼마 지나지 않은 가까운 이전 시대'로, 우리나라에서는 1876년 개항 이후부터 1919년 3·1 운동까지의 시기로 봐요. 개항을 통해 사회 제도와 산업 구조가 바뀌어 가는 것이 바로 '근대화'예요.

이런 뜻이 있어요

도량형 (법도 度 + 헤아릴 量 + 저울대 衡)
길이, 부피, 무게 따위의 단위를 재는 법.

→ 갑오개혁 때 조선의 **도량형**을 서양 기준으로 통일했어요.

'도량형'의 '도'는 길이를 재는 '자', '량'은 부피를 재는 '되', '형'은 무게를 재는 '저울'을 뜻해요. 1894년 갑오개혁 이후 나라의 제도를 근대적으로 바꾸는데, 도량형도 서양 기준인 미터법으로 통일했어요. 이렇게 하면 무역하는 나라들이 편리하게 거래할 수 있지요.

만행 (오랑캐 蠻 + 다닐 行)
무례하고 야만스러운 행위.

→ 을미사변은 일본의 **만행**이 적나라하게 드러난 충격적인 사건이에요.

청산하다 (맑을 淸 + 계산 算)
과거의 부정적인 요소를 깨끗이 씻어 내다.

→ 고종은 과거를 **청산하고**, 대한 제국이 자주독립국임을 보여 주려 했어요.

'만행'은 사람으로서 저지르면 안 되는 행동이에요. 청나라와의 전쟁에서 승리한 일본은 조선의 정치에 간섭했어요. 고종의 비인 명성 왕후가 러시아 세력과 손을 잡자, 일본은 명성 왕후를 시해하고 시신을 불태웠어요.

이 말은 본래 '채무 관계를 셈하여 깨끗이 해결하다'의 뜻인데, '과거의 안 좋은 일을 정리하다'의 뜻으로 더 자주 쓰여요. 열강의 간섭 속에서 고종은 환구단에서 황제로 즉위하고, 대한 제국을 선포했어요.

어맛! 역사가 보이는 한국사 어휘 퀴즈

※ 아래 빈칸에 어울리는 말을 고르세요.

❶ 독립 협회에서 ☐☐ 한 〈독립신문〉은 우리나라 최초의 민간 신문이에요.

> **힌트 1** '신문, 잡지 따위의 간행물 첫 번째 호를 펴냄'이라는 뜻이에요.
> **힌트 2** 비슷한 말로 '개간'이 있어요.

① 주관   ② 창간   ③ 참여

❷ ☐☐☐ 은 독립 협회가 자주독립 의지를 보여 주고자 세운 기념물이에요.

> **힌트 1** 청나라 사신을 맞이하던 영은문을 헌 자리에 세웠어요.
> **힌트 2** 프랑스 파리의 '개선문'을 본떠 만들었어요.

① 독립문   ② 열녀문   ③ 남대문

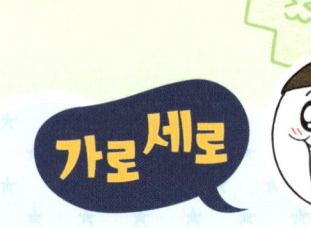

② 정조 때 경기도 수원에 쌓은 성. 1997년 유네스코 세계 문화유산으로 등재됨.
④ 건축물에서 주춧돌 위에 세워 들보, 지붕 등을 받치는 나무. 돌, 쇠 따위로 둥글게 만들어 곧추세운 것.
⑤ 돈을 받고 이야기책을 전문적으로 읽어 주던 사람.
⑦ 흥선 대원군이 서양을 배척하겠다는 뜻으로 전국에 세운 비석.
⑨ 항구를 열어 외국의 배들이 출입할 수 있게 허가함.
⑪ 핑계 삼을 만한 재료. ○○을 만들다.
⑬ 국제 문제에서 큰 역할을 담당하고 있는 여러 강한 나라.
⑮ 길이, 부피, 무게 따위의 단위를 재는 법.
⑯ 학습에 필요한 필기도구, 공책 따위를 통틀어 이르는 말.

① 조선 후기 백성의 생활 모습을 그린 그림.
③ 벌 떼처럼 무리 지어 세차게 일어남. ○○를 일으키다.
⑥ 밀가루를 반죽하여 맑은장국이나 멸치 육수 따위에 적당한 크기로 떼어 넣어 익힌 음식.
⑧ 조선 시대 그림에 관한 일을 맡아보던 도화서에서 그림을 그리는 화공을 이르는 말.
⑩ 배가 안전하게 드나들도록 강가나 바닷가에 부두 따위를 설비한 곳.
⑫ 조선 후기, 실생활에 유용하게 쓰이는 걸 목표로 연구한 학문.
⑭ 1876년 일본의 강압으로 조선이 불평등 조약을 맺은 지역. 화문석이 유명함.
⑰ 《별주부전》에서 자라가 모시는, 바다를 수호하는 인물. 병이 들어 자라에게 토끼의 간을 구해 오라고 했음.
⑱ 직접 걸어 다니는 수고. ○○을 팔다.

을사늑약 (새 乙 + 여섯째 지지 巳 + 굴레 勒 + 맺을 約)

1905년, 을사년에 일본이 한국의 외교권을 빼앗기 위해 강제로 맺은 조약.

→ 민영환은 **을사늑약**의 무효를 주장한 유서를 남기고 자결했어요.

'늑약'은 '나라와 나라 사이에 억지로 맺은 조약'이에요. 전에는 '을사조약'이라고 했는데, 일본과 맺은 조약의 성격이 강제성을 띠고 있어서 이후 '늑약'으로 고쳐 부르고 있어요. 고종 황제가 거부했음에도 일제는 대한 제국의 외교권을 빼앗았어요.

일제 강점기

(날 日 + 임금 帝 + 강할 強 + 차지할 占 + 기약할 期)

1910년 일제에 강제 병합된 이후 1945년 해방되기까지 35년간의 시대.

→ **일제 강점기**의 치욕을 잊지 맙시다!

무장 투쟁

(굳셀 武 + 꾸밀 裝 + 싸울 鬪 + 다툴 爭)

정치적, 군사적인 목적을 이루기 위해 무기 등을 들고 조직을 결성해 싸우는 행동.

→ 평민 출신의 신돌석은 의병 부대를 이끌고 **무장 투쟁**을 전개했어요.

'강점기'는 '남의 물건, 영토, 권리 따위를 강제로 빼앗아 차지한 시기'란 뜻이에요. 1910년, 일본 제국은 대한 제국의 사법권과 경찰권을 장악했어요. 국권을 강제로 빼앗긴 이 시기를 '일제 시대'가 아닌, '일제 강점기'로 불러요.

'무장'은 '싸울 무기나 기술 등을 준비하는 것'이에요. 무기를 가지고 조직을 만들어 싸우는 군사적 행동을 '무장 투쟁'이라고 하지요. 을사늑약 이후 의병 활동을 하던 대원들이 부대를 만들어 일본군에 대항했어요.

계몽하다 (열 啓 + 어리석을 蒙)
지식수준이 낮거나 의식이 덜 깬 사람들을 가르쳐 깨우치게 하다.

→ 지식인들은 국민을 **계몽하기** 위해 전국에 학교를 세웠어요.

이 말은 옛 풍습이나 습관에 젖어 있는 사람에게 새로운 지식을 가르침으로써 변화시키는 거예요. 일제 강점기에는 '애국 계몽 운동'이 일어났어요. 교육을 통해 나라 힘을 키우고자 한 운동이랍니다.

의사 (옳을 義 + 선비 士)
나라와 민족을 위해 무력으로 적에게 항거하다가 죽음을 맞은 사람.

→ 서울 효창동에 이봉창 **의사**를 기리는 기념관이 문을 열었어요.

열사 (세찰 烈 + 선비 士)
나라를 위해 항의의 뜻으로 자결하거나 맨몸으로 저항하다 죽음을 맞은 사람.

→ 나라를 위해 목숨을 바친 의사와 **열사**들의 정신을 기억해요.

둘 다 나라를 위해 의로운 일을 하고 목숨을 바친 분들을 가리키는 말이에요. '의사'는 무력으로써 대항한 사람으로, 이토 히로부미를 저격한 안중근 의사, 일본 왕에게 수류탄을 던진 이봉창 의사가 있어요. '열사'는 불의에 저항하며 의롭게 죽은 사람으로, 을사늑약에 반대해 자결한 민영환 열사, 3·1 운동을 하다 어린 나이에 감옥에서 목숨을 잃은 유관순 열사가 있답니다.

어맛! 역사가 보이는 **한국사 어휘 퀴즈**

 근대와 현대

❶ 뤼순 감옥의 죄수 묘역에 묻혔을 것으로 추정되는 안중근 의사의 ㅇ,ㅎ 는 지금까지도 찾지 못했어요.

- 힌트1 '주검을 태우고 남은 뼈'나 '무덤에서 나온 뼈'예요.
- 힌트2 비슷한 말로 '유골'이 있어요.

❷ 매년 현충일에는 ㅅ,ㄱ 선열들을 위한 묵념을 올려요.

- 힌트1 '나라를 위하여 목숨을 바침'을 뜻해요.
- 힌트2 '나라를 위하여 싸우다 죽은 열사'를 뜻하는 '선열'과 함께 '○○선열'이라고 써요.

정답 ❶ 유해 ❷ 순국

127

무단 통치 (굳셀 武 + 끊을 斷 + 거느릴 統 + 다스릴 治)

군대나 경찰을 동원해 무력으로 행하는 정치.

→ 일제는 **무단 통치**로 우리 민족을 위협했어요.

'무단 정치'라고도 해요. 조선의 국권을 빼앗은 일본은 경성에 '조선 총독부'를 설치하고, 헌병 경찰을 앞세워 강압적으로 다스렸어요. 헌병 경찰은 '즉결 처분권'이 있어서 정식 재판 없이 한국인을 마음대로 처벌할 수 있었어요.

망명하다 (망할 亡 + 목숨 命)

정치, 사상, 종교 등의 이유로 자기 나라에서 위협을 받을 때 다른 나라로 몸을 옮기다.

→ 미국으로 **망명한** 안창호는 한인들의 실력을 양성하는 운동을 벌였어요.

무작정 외국으로 떠난다고 망명은 아니에요. '정치적, 종교적으로 정당한 이유가 있을 때 몸을 피해 나가는 것'을 말해요. 일제의 탄압이 계속되자 독립운동가들은 외국으로 망명해서 항일 독립군을 키웠어요.

무자비하다 (없을 無 + 사랑할 慈 + 슬플 悲)

인정 없이 냉혹하고 모질다.

→ 일제가 만세 시위에 참여한 화성 제암리 사람들을 **무자비하게** 죽였어요.

'자비롭다'는 '남을 깊이 사랑하고 가엽게 여기는 마음이 있다'의 뜻이에요. 앞에 '없을 무(無)'가 붙으면 그런 태도 없이 매섭고 독한 걸 말해요. 전국에서 한국인들이 독립을 위한 만세 시위를 벌이자, 일제는 잔인하게 탄압했어요.

 이런 뜻이 있어요

주모자 (주인 主 + 꾀할 謀 + 사람 者)
우두머리가 되어 어떤 일이나 음모를 꾸민 사람.

➡ **주모자**로 잡힌 유관순 열사는 감옥에서 모진 고문을 받다가 끝내 순국했어요.

집단으로 모여서 일으킨 일에는 그 일을 계획한 사람이 있게 마련이에요. 그 사람을 '주모자'라고 해요. 비슷한 말로는 '어떤 일에 주장이 되어 행동하는 사람'이란 뜻의 '주동자'가 있어요. 3·1 운동 뒤에 천안 아우내 장터에서도 만세 운동이 벌어졌어요. 일제는 그 주모자로 유관순을 잡아들였어요.

수립되다 (나무 樹 + 설 立)
국가, 정부, 제도가 조직되어 만들어지다.

➡ 1919년 중국 상하이에서 대한민국 임시 정부가 **수립되었어요**.

한자 '나무 수(樹)'가 들어가요. 나무가 뿌리를 내리고 땅에 우뚝 서 있는 것처럼, 나라나 회사를 만들고 정책을 세우는 거예요. 비슷한 말 '설립되다'는 '기관이나 조직체가 만들어지다'의 뜻으로, 회사와 기업에 쓰는 게 더 자연스러워요.

유인하다 (꾈 誘 + 끌 引)
주의나 흥미를 일으켜 꾀어내다.

➡ 홍범도 장군은 봉오동 전투에서 일본군을 **유인하여** 크게 무찔렀어요.

이 말은 '사람이나 물건을 원하는 장소나 방향으로 이끌다'의 뜻인 '유도하다'와도 통해요. 만주 지역에서는 독립군의 활동이 활발했어요. 홍범도, 김좌진 장군이 이끄는 독립군들은 일본군을 자신들에게 유리한 지형으로 꾀어 격파했어요.

어맛! 역사가 보이는 **한국사 어휘 퀴즈**

❶ 3·1 운동 때 민족 대표들은 ㄷㄹㅅㅇㅅ 를 작성하고 만세 시위를 준비했어요.

힌트 1 우리나라가 일제의 지배에서 벗어난 자주적인 나라임을 세계에 알리는 내용이 담겨 있어요.

힌트 2 33인의 민족 대표가 여기에 서명했어요.

❷ 윤봉길 의사는 일본 왕의 생일 행사장에서 폭탄을 던지는 ㅇㄱ 를 실행했어요.

힌트 1 '정의를 위하여 개인이나 집단이 의로운 일을 도모함'을 뜻해요.

힌트 2 '의로운 거사'의 줄임말이에요.

왜곡하다 (비뚤 歪 + 굽을 曲)
사실과 다르게 해석하거나 그릇되게 하다.

→ 일본은 식민 지배를 정당화하기 위해 한국 역사를 **왜곡하고** 축소했어요.

이 말은 '사실을 있는 그대로 받아들이지 않고 다른 방향으로 보거나 사리에 맞지 않게 꾸미다'의 뜻이에요. '사실이 아닌 것을 마치 사실인 것처럼 거짓으로 꾸미다'의 '날조하다'와도 통해요.

이간질 (떠날 離 + 사이 間)
둘 사이에서 서로를 헐뜯어 멀어지게 하는 짓.

→ 일제는 **이간질** 정책을 쓰면서 한국인 사이를 분열시켰어요.

변절하다 (변할 變 + 마디 節)
절개나 지조를 지키지 않고 배반하다.

→ 지식인 중에는 **변절해서** 일제를 찬양하는 글을 쓰는 사람도 있었어요.

'이간'은 A와 B 사이에 C가 끼어들어 둘의 흉을 보며 사이가 나빠지게 하는 거예요. 1920년대에 들어서면서 일제는 한국인이 저항하지 않도록 풀어 주는 정책을 썼어요. 한국인도 관리가 될 수 있도록 하고, 예술가, 문인, 종교인들을 후원하면서 일본을 좋게 생각하도록 만들었지요.

더 좋은 조건이나 유혹에 넘어가 자신이 가지고 있던 신념을 바꾸는 거예요. 일제는 한국인 중에서 일본 편에 서면 이익을 볼 수 있게 해 주는 '친일파'를 만들어 냈어요. 이들은 일본에 충성하면서, 같은 한국인들에게는 가혹하게 행동했어요.

 이런 뜻이 있어요

검열 (검사할 檢 + 점호할 閱)
언론, 출판, 연극, 영화 따위의 내용을 미리 살피고 조사하여 그 발표를 통제함.

→ 일제의 사전 **검열**로 신문 기사 속 사진이 삭제되어 나오기도 했어요.

본래는 '어떤 행동이나 사업 등에 잘못된 점이 없나 살피고 조사함'을 말해요. 하지만 이 행위가 지나쳐 정부나 기관에서 뉴스나 신문 기사 등에 실리는 글을 먼저 보고 삭제하거나 고치게 하는 뜻으로 더 많이 쓰여요.

말살 (바를 抹 + 죽일 殺)
존재하는 사실이나 사물을 아주 없애 버림.

→ 일본은 조선어 사용 금지, 일본식으로 이름 바꾸기 등 민족 **말살** 정책을 펼쳤어요.

비슷한 말로는 '기록되어 있는 사실을 지워서 아예 없애 버림'을 뜻하는 '말소'가 있어요. 1930년대에 들어서면서 일제는 한국의 민족의식을 아예 없애고, 일본에 충성하는 백성으로 만들기 위한 계획에 돌입했어요.

반박하다 (돌이킬 反 + 얼룩말 駁)
어떤 의견이나 주장, 논설 따위에 근거를 가지고 반대하여 말하다.

→ 일제가 우리 역사를 왜곡하자, 신채호는 우리 역사책인 《조선 상고사》를 써서 **반박했어요**.

일제가 조선의 역사를 왜곡하자, 역사가이자 언론인이었던 신채호는 신문에 왜곡을 반박하는 한국사 기사를 연재했어요. 또 한국인의 자긍심을 높이기 위해서 위인전과 역사서를 쓰며 저항했어요.

어맛! 역사가 보이는 **한국사 어휘 퀴즈**

❶ ㅇ ㅇ ㅂ 피해자들의 명예와 인권을 회복하고자 '평화의 소녀상'을 국내외에 세웠어요.

힌트 1 일본군이 침략 전쟁 때 강제로 동원하여 성폭력과 인권 침해를 한 여성들이에요.
힌트 2 일본은 자신들의 잘못을 인정하지도, 사과하지도 않고 있어요.

❷ 일제 강점기에 항일 정신의 시를 쓴 ㅇ ㅇ ㅅ 는 17번의 옥고를 치른 독립운동가이자 시인이에요.

힌트 1 감옥에서의 수인 번호인 '264'에서 딴 호를 작품 활동에 썼어요.
힌트 2 본명이 '이원록'이고, 〈광야〉, 〈청포도〉 등의 시에 광복의 염원을 담았어요.

광복 (빛 光 + 돌아올 復)
빼앗긴 땅과 주권을 도로 찾음.

→ 나라의 **광복**을 위해 많은 사람들이 목숨을 바쳤어요.

해방 (풀 解 + 놓을 放)
일본 제국주의의 강점에서 벗어난 일.

→ 1945년 8월 15일, 우리 민족은 **해방**의 날을 맞이했어요.

'광복'의 한자를 살펴보면 '빛을 되찾음'으로, 우리 민족이 잃어버렸던 '주권'을 다시 찾은 거예요. '해방'은 본래 '구속이나 억압 따위에서 자유롭게 벗어나게 함'을 뜻해요. '노예 해방', '업무에서 해방된 기분' 등으로 쓰지요. 이 말이 '광복'과 비슷하게 쓰이는 것은, 우리 민족이 일제의 식민 통치에서 벗어나 자유롭게 되었기 때문이에요.

신탁 통치 (믿을 信 + 부탁할 託 + 거느릴 統 + 다스릴 治)
특정 국가가 혼란이 우려되는 지역이나 나라를 임시로 대신 다스리는 제도.

→ 강대국의 **신탁 통치** 결정에 국민들은 반대와 찬성으로 나뉘어 대립했어요.

원래 '신탁'은 '권리를 믿고 맡김'의 뜻이에요. 광복 당시, 국제 연합(UN)의 신탁을 받은 나라가 다른 나라를 통치하는 제도가 있었어요. 영국과 미국, 소련이 우리나라에 어떤 정부를 세울지 논의한 끝에 5년간 신탁 통치를 하겠다고 했어요.

 이런 뜻이 있어요

총선거 (거느릴 總 + 가릴 選 + 들 擧)
국회 의원 전부를 한꺼번에 선출하는 선거.

→ 소련의 방해로 남북한 **총선거**가 어려워지자, 남한에서 단독으로 치렀어요.

'총선거'는 줄여서 '총선'이라고 해요. 법을 만드는 국회 의원을 뽑는 선거로, 대통령제 국가인 우리나라에서는 4년마다 실시해요. 정부 수립 문제를 두고 남과 북이 갈등을 겪게 되어 1948년 5월, 남한에서만 총선거가 진행되었어요.

문맹 (글월 文 + 눈멀 盲)
배우지 못하여 글을 읽거나 쓸 줄 모름.

→ 광복 직후 **문맹** 퇴치 운동 결과, 글을 읽고 쓸 줄 아는 사람들이 늘었어요.

남침 (남녘 南 + 침노할 侵)
북쪽에서 남쪽을 침범함.

→ 북한군의 기습 **남침**으로 남한은 쑥대밭이 되었어요.

예전에는 지금처럼 의무 교육이 아니라서 글을 읽고 쓰지 못하는 '문맹'인 사람들이 많았어요. 광복 직후에는 글을 모르는 사람이 많아서, 총선거 포스터의 후보자 사진 밑에 이름 대신 막대기 기호로 표시했어요.

'남침'은 '남쪽으로 침략함'이고, '북침'은 '북쪽으로 침략함'이에요. 이를 반대로 생각해서 6·25 전쟁을 '북침'이라고 하는 사람들이 있는데, 절대로 헷갈리지 마세요! 6·25 전쟁은 북한군이 남쪽을 무력으로 통일하고자 먼저 38선을 넘어서 공격한 전쟁이에요.

어맛! 역사가 보이는 **한국사 어휘 퀴즈**

❶ ㄱ ㄱ 는 남한만의 단독 정부 수립을 반대하며, 통일 정부 수립을 주장했어요.

- 힌트 1 독립운동가로, 한인 애국단과 한국 광복군을 만든 사람이에요.
- 힌트 2 호는 '백범'이고, 자서전 《백범일지》를 남겼어요.
- 힌트 3 남북 협상을 진행하다가 안타깝게도 암살당했어요.

❷ ㅈ ㅎ ㅈ 은 초대 국회 의원들이 헌법을 만들어 발표한 날이에요.

- 힌트 1 삼일절, 광복절과 같은 국경일이에요.
- 힌트 2 매년 7월 17일이에요.

정답 ❶ 김구 ❷ 제헌절

냉전 (찰 冷 + 싸울 戰)

직접적인 무력을 쓰지 않고 정치, 경제, 외교 따위의 수단으로 나라끼리 갈등하고 대립하는 것.

→ **냉전** 시대가 시작되면서 미국은 남한을, 소련과 중국은 북한을 지원했어요.

제2차 세계 대전 이후 미국을 중심으로 한 자본주의와 소련을 중심으로 한 공산주의가 대립했어요. '냉전'은 무기를 들고 싸우는 것만큼이나 치열했어요. '두 대상이 대립하고 갈등하는 구조'를 비유할 때도 이 말을 써요.

분단 (나눌 分 + 끊을 斷)

동강이 나게 끊어 가름.

→ 임진각에 와 보니, **분단**의 아픔이 고스란히 느껴져요.

학도병 (배울 學 + 무리 徒 + 병사 兵)

학생 신분으로 군대에 들어간 병사.

→ 할아버지는 6·25 전쟁 때 **학도병**으로 자원해 나갔어요.

국토뿐 아니라 나라나 민족이 어떤 경계선에 의해 2개 이상으로 갈라진 상황을 말할 때 '분단'이라고 해요. 한반도의 경우 남한과 북한으로 나뉘면서 70여 년이 지난 지금까지도 분단이 지속되고 있어요.

'학도병'은 학생 군인으로, 학교 대신 전쟁터로 나가 적과 싸웠어요. 일제 강점기에는 '학병'이라 해서 전쟁에 강제로 끌려가기도 했어요. 6·25 전쟁 당시, 북한의 침략에 맞서 펜 대신 총을 들고 전쟁터에 나간 학생들이 많았어요.

언젠가 끊어진 허리가 다시 이어질 거예요.

옳지, 옳지. 그런 날이 올 거야.

 이런 뜻이 있어요

진격하다 (나아갈 進 + 부딪칠 擊)
군대가 적을 치기 위해 앞으로 나아가다.

→ 인천 상륙 작전을 계기로 국군과 국제 연합군은 북한의 압록강까지 **진격했어요**.

'앞으로 나아가다'의 뜻을 가진 '전진하다'와 비교해서 '진격하다'는 전쟁에서 더 자주 쓰여요. 적을 공격하기 위해 나아가는 것이기 때문이에요.

교착 (갖풀 膠 + 붙을 着)
어떤 상태가 그대로 굳어 변동이나 진전이 없이 머묾.

→ 전쟁은 38선 부근에서 밀고 밀리는 전투가 계속되면서 **교착** 상태에 빠졌어요.

본래는 '어떤 사물에 단단히 달라붙음'을 뜻해요. 이 말이 확장되어 전쟁이나 회담에서 양쪽의 주장이 팽팽하게 맞서서 이도 저도 결정되지 못한 채 힘만 빼는 상황을 가리키게 되었어요.

정전 (머무를 停 + 싸울 戰)
전쟁 중인 나라가 서로 합의하여 일시적으로 전투를 중단하는 일.

→ 전쟁이 길어지자 휴전을 결정하는 **정전** 협상이 진행되었어요.

비슷한 말로 '전투 정지'가 있어요. 말 그대로 싸움을 멈추는 거예요. '휴전(休戰)'은 '전쟁 교전국이 서로 합의하여 전쟁을 얼마간 멈추는 일'이고, '종전(終戰)'은 '전쟁을 끝냄'이라는 뜻이에요.

어맛! 역사가 보이는 한국사 어휘 퀴즈

근대와 현대

❶ 6·25 전쟁으로 수많은 사상자와 전쟁고아, ㅇㅅㄱㅈ 이 생겨났어요.

- 힌트 1 '남북 분단으로 이리저리 흩어져서 서로 소식을 모르는 가족'이에요.
- 힌트 2 6·25 전쟁 때 1,000만 명이 발생했다는 통계가 있어요.

❷ ㅎㅈㅅ 은 정전 협정이 체결되면서 생긴 군사 경계선이에요.

- 힌트 1 한반도 가운데를 가로지르는 선으로, '군사 분계선'이라고도 해요.
- 힌트 2 이 선을 기준으로 남북으로 각각 2킬로미터씩 설정된 지역을 '비무장 지대'라고 해요.

정답 ❶ 이산가족 ❷ 휴전선

> **도화선** (이끌 導 + 불 火 + 선 線)
> 사건이 일어나게 된 직접적인 원인.
>
> → 고등학생 김주열의 억울한 죽음이
>   4·19 혁명의 **도화선**이 되었어요.

> **타도** (칠 打 + 넘어질 倒)
> 어떤 대상이나 세력을 쳐서 무너지게 함.
>
> → 많은 시민과 학생들이 시위에 참여해
>   독재 정권 **타도**를 외쳤어요.

이 말은 원래 '폭약이 터지도록 불을 붙이는 심지'예요. 심지에 불이 붙어야 폭발이 일어날 테니 '어떤 일의 직접적인 원인'이 되는 것이지요. 비슷한 말로는 '빌미'가 있어요.

시위의 구호로 자주 등장해요. '부정을 저지른 세력을 꺾어 넘어뜨림'의 뜻이에요. 1960년 4월 19일, 전국 각계각층의 시민들이 부정부패를 저지른 이승만 정부를 향해 강력하게 항의했어요.

> **번복하다** (뒤칠 翻 + 엎어질 覆)
> 이리저리 고쳐 뒤집다.
>
> → 이승만은 불출마 선언을 **번복하고**
>   부정 선거로 다시 대통령이 되었어요.

어떤 주장이나 진술, 입장 등을 앞서 말한 것과 달리 멋대로 뒤집는 거예요. 비슷한 말로는 '이미 제출하거나 주장했던 것을 취소하다'의 뜻을 가진 '철회하다'가 있어요.

근대와 현대

145

 이런 뜻이 있어요

혁명 (가죽 革 + 목숨 命)
헌법 범위를 벗어나 국가의 기초 및 체제, 조직 따위를 근본적으로 고치는 일.

→ 4·19 **혁명**으로 이승만은 대통령 자리에서 물러났어요.

쿠데타
무력으로 정권을 빼앗는 일.

→ 1961년 5월 16일, 박정희를 중심으로 한 군인들이 **쿠데타**를 일으켜 정권을 잡았어요.

'혁명'은 '이전의 권력이나 관습을 깨뜨리고 새롭게 세움'이란 뜻이 있어요. 그래서 새로운 기술을 만들거나, 정치적으로 정권을 교체하는 일도 포함돼요. 4·19는 시민들이 민주주의 정신을 지키기 위해 노력하고 희생해서 '혁명'이 붙어요. 반면 쿠데타는 다른 말로 '군사 정변'이라고 해요. 군대와 무력을 동원해 기존 권력을 뺏고 바꾼 것으로, 혁명과는 구별해서 써야 해요.

유신 (밧줄 維 + 새로울 新)
낡은 제도를 고쳐 새롭게 함.

→ 박정희는 **유신** 헌법을 통과시켜 장기 집권의 발판을 마련했어요.

'유신'은 '묵은 것을 고쳐서 새롭게 함'이라는 뜻의 '쇄신', '낡은 풍습, 조직 따위를 완전히 바꾸어 새롭게 함'을 뜻하는 '혁신'과도 통해요. 하지만 박정희는 대통령을 계속하기 위해 헌법을 바꾸고, 이를 '유신 헌법'이라고 했어요. 말만 유신이지, 국민의 뜻을 저버리는 것이었어요.

어맛! 역사가 보이는 한국사 어휘 퀴즈

❶ 국민들이 박정희의 ㄷ, ㅈ 정치에 반대하는 대규모 시위를 벌였어요.

- **힌트 1** '특정 개인이나 집단이 권력을 쥐고 마음대로 지배하는 것'이에요.
- **힌트 2** '독제'는 비표준어이니, 헷갈리지 마세요!

❷ ㅁ,ㅈ,ㅈ,ㅇ 사회를 만들기 위해 많은 사람이 노력했어요.

- **힌트 1** 국민이 권력을 가지고 스스로 권리를 내세우는 정치예요.
- **힌트 2** 인권, 자유권, 평등권, 다수결의 원리, 법치주의를 지향해요.

비상사태 (아닐 非 + 항상 常 + 일 事 + 모양 態)
나라에 큰일이나 혼란이 벌어진 위급한 상황.

→ 전두환은 광주 시위를 **비상사태**로 선포하고 계엄군을 보냈어요.

'비상사태'는 나라에 긴급한 일이 벌어졌음을 뜻해요. 박정희처럼 군대를 이용해 권력을 잡은 전두환은 1980년 5월 18일, 광주에서 민주주의를 요구하며 일어난 대규모 시위를 무력으로 진압했어요.

은폐하다 (숨을 隱 + 가릴 蔽)
드러나지 않도록 덮거나 가리어 숨기다.

→ 전두환 정권은 광주에서 일어난 일을 **은폐하고** 왜곡했어요.

비슷한 말로 '가리어 숨기다'를 뜻하는 '엄폐하다'가 있어요. 전두환 정권은 5·18 민주화 운동이 다른 지역과 나라에 알려지지 않도록 철저히 막았어요. 기사를 신문에 싣지도 못하게 했어요.

추모 (쫓을 追 + 사모할 慕)
죽은 사람을 그리워하며 생각함.

→ 박종철, 이한열 **추모** 집회에 참석한 시민들은 대통령 직선제를 요구했어요.

비슷한 말로 '죽은 사람을 생각하여 슬퍼함'을 뜻하는 '추도'가 있어요. 1980년대에는 민주화 운동을 하던 시민과 학생들이 많이 희생되었어요. 그들을 추모하는 행사가 끊이지 않았지요.

이런 뜻이 있어요

직선제 (곧을 直 + 가릴 選 + 억제할 制)
국민이 직접 대표를 뽑는 선거 제도.

➡ 1987년 6월 민주 항쟁 이후 대통령 **직선제**를 하게 되었어요.

'직접 선거 제도'의 줄임말이에요. '국민이 직접 투표해서 대통령이나 국회 의원을 뽑는 것'이지요. 반대말은 '간선제'로, '일정 수의 선거인단을 구성해 그들이 대표를 뽑게 하는 것'이에요.

보장하다 (보전할 保 + 막을 障)
어떤 일이 어려움 없이 잘되도록 보호하다.

➡ 1987년 6·29 민주화 선언에는 언론의 자유를 **보장한다**는 내용이 있어요.

이 말은 일이 잘 풀릴 수 있도록 그에 맞는 조건을 마련해 주는 거예요. 예를 들어 시민의 안전을 위해 제도를 마련한다든가, 은행에서 높은 금리를 받을 수 있는 상품을 만들어 준다든가 하는 것이지요.

이바지하다
도움이 되게 하다.

➡ 5·18 민주화 운동과 6월 민주 항쟁이 우리나라 민주주의 발전에 **이바지했어요**.

혼례를 치르고 나서 신붓집에서 마련한 음식을 신랑 집으로 보내는데, 이를 '이바지'라고 해요. 그만큼 좋은 일이 생겼을 때 마련하는 것이므로, '다른 사람이나 사회에 도움이 되게 힘을 쓰는 것'도 '이바지하다'라고 해요.

어맛! 역사가 보이는 한국사 어휘 퀴즈

① ㅈ ㅂ ㅈ ㅊ ㅈ 는 지역 주민이 직접 자기 지역의 일을 결정하고 처리하는 제도예요.

- 힌트 1 주민들이 도지사, 시장, 군수 같은 지역 단체장과 지방 의회 의원을 뽑아요.
- 힌트 2 다른 말로 '풀뿌리 민주주의'라고도 해요.

② 현대 사회에서는 사회 공동의 문제를 ㅍ ㅎ 적으로 해결하려고 노력해요.

- 힌트 1 '전쟁, 분쟁 또는 갈등 없이 평온하고 화목함'을 말해요.
- 힌트 2 이것을 상징하는 동물은 '비둘기'예요.

가로세로 십자말풀이 ❻

가로 풀이

① 나라의 독립을 이루기 위하여 싸우는 군대.
② 우두머리가 되어 어떤 일이나 음모를 꾸민 사람.
④ 나라와 민족을 위해 무력으로 적에게 항거하다가 죽음을 맞은 사람. 안중근 ○○.
⑤ 빼앗긴 땅과 주권을 도로 찾음. 1945년 8월 15일.
⑦ 휴식을 취하거나 건강을 위해서 천천히 걷는 일. 산보.
⑧ 발로 공을 차서 네트를 넘겨 승부를 겨루는 경기. 규칙은 배구와 비슷함.
⑩ 무력으로 정권을 빼앗는 일.
⑫ 나라를 위해 항의의 뜻으로 자결하거나 맨몸으로 저항하다 죽음을 맞은 사람. 유관순 ○○.
⑭ 휴일이 이틀 이상 계속되는 일. 또는 그 휴일.
⑯ 화약이 터지도록 불을 붙이는 심지.

세로 풀이

① 특정 개인이나 집단이 권력을 쥐고 마음대로 지배하는 일.
② 약액을 주사기에 넣어 생물체의 조직이나 혈관 속에 직접 주입하는 일.
③ 사람이 타고 앉아 두 다리의 힘으로 바퀴를 돌려서 가게 되는 탈것.
④ 옷의 다른 말.
⑥ 남북 분단으로 이리저리 흩어져서 서로 소식을 모르는 가족.
⑨ 쓰일 자리. 또는 써야 할 곳. ○○가 있다.
⑪ 어떤 대상이나 세력을 쳐서 거꾸러뜨림.
⑬ 편지에 쓴 말이나 내용.
⑮ 휴전 협정에 따라서 결정되는 쌍방의 군사 경계선.

어쩌면 문화유산

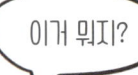

유물 (남길 遺 + 물건 物)
앞선 세대의 인류가 후대에 남긴 물건으로, 규모가 작고 위치를 바꿀 수 있는 것들.

→ 박물관에서 옛날 사람들이 쓰던 도기, 장신구 등의 유물을 확인할 수 있어요.

유적 (남길 遺 + 발자취 跡)
역사적인 사건이 벌어졌던 곳 및 싸움터, 각종 건축물, 고분 따위를 이르는 말.

→ 조상이 남긴 유물과 유적을 통해 과거의 역사를 알 수 있어요.

'유물'은 '조상이 남긴 물건'으로, 역사적인 사건이 있었던 '유적'에서 발굴돼 나와요. '유적'은 '옛 문화를 보여 주는 건물이나 터'를 뜻하는 '고적'과도 비슷하게 쓰여요. 유물과 유적 중에는 나라에서 '국보'나 '보물'로 지정하여 보호하는 것들이 있어요. 국보의 경우, 보물 중에서 역사적·학술적·예술적 가치가 크거나 제작 연대가 오래되고, 기술이 우수한 것들을 따져서 지정하고 있어요.

문화유산 (글월 文 + 될 化 + 남길 遺 + 낳을 産)
조상이 물려준 문화 중에서 후대에 이어지고 상속될 만한 가치를 지닌 것들을 통틀어 이르는 말.

→ 유네스코는 인류 전체가 보호해야 할 문화유산을 세계 유산으로 등재하고 있어요.

조상들이 살아가던 생활양식 중에서 후손에게 물려줄 만한 것들로, 생활 도구·유물과 유적·싸움터·전통 음악 및 춤·축제 등 다양해요. 이것들을 통해 옛 사람들이 어디에서 어떻게 살았으며, 어떤 생각과 사상을 가졌는지 알 수 있어요.

이런 뜻이 있어요

등재되다 (오를 登 + 실을 載)
일정한 사항이 장부나 대장에 올려지다.

→ 우리 민족의 노래 '아리랑'이 유네스코 인류 무형 문화유산에 **등재되었어요**.

분포 (나눌 分 + 베 布)
사물이 여기저기 흩어져 퍼져 있음.

→ 탁자식 고인돌과 비파형 동검의 **분포**를 통해 고조선의 문화 범위를 짐작해요.

일정한 양식이 있는 기록지에 어떤 목록이나 사항이 등록되는 거예요. 또 다른 뜻으로는 '책이나 잡지 따위에 글이 실리다'도 있어요. 이때는 '게재되다'와 뜻이 통해요.

대상이 어떤 범위 안에서 군데군데 자리 잡고 있는 걸 말해요. 예를 들어 '전동 킥보드의 분포 범위', '인구의 분포' 등으로 쓰지요.

고분 (옛 古 + 무덤 墳)
고대에 만들어진 오래된 무덤.

→ 고구려 **고분** 내부에 있는 벽화에는 당시 생활 모습이 그려져 있어요.

'고분'은 선사 시대와 삼국 시대에 지배층을 묻은 무덤이에요. 시체와 더불어 여러 생활 도구를 묻었어요. 참고로 무덤 중에는 '능'과 '총'도 있어요. '능'은 흙을 쌓아 올린 규모가 큰 무덤으로 '왕릉'을 말해요. 왕릉이 분명한데 누구의 무덤인지 모르는 능을 가리켜 '총'이라고 하지요.

어맛! 역사가 보이는 한국사 어휘 퀴즈

※ 아래 빈칸에 어울리는 말을 고르세요.

❶ 고구려 무용총에는 손님을 맞이하는 '접객도'와 사냥을 하는 ☐☐☐가 그려져 있어요.

- 힌트 1: 말을 타고 활을 쏘면서 사냥하는 모습이 생동감 있게 표현된 그림이에요.
- 힌트 2: 활달하고 힘찬 고구려인의 기상을 느낄 수 있어요.

① 수렵도
② 김홍도
③ 태권도

❷ 백제 ☐☐☐☐에서는 금제 장식을 비롯해 4,600여 점의 세련된 유물이 발견되었어요.

- 힌트 1: 벽돌무덤으로, 충청남도 공주에 있어요.
- 힌트 2: 백제 무령왕과 왕비의 무덤이에요.

① 무열왕릉
② 장수왕릉
③ 무령왕릉

정답 ❶ ① ❷ ③

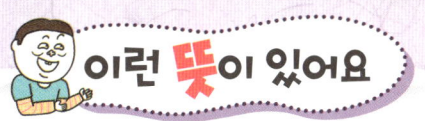 

발굴 (필 發 + 팔 掘)

땅속이나 덩치 큰 흙이나 돌 더미에 묻혀 있던 것을 찾아서 파냄.

→ 고령 지산동 고분군의 **발굴**로 대가야의 역사와 문화를 알게 됐어요.

이 말은 '세상에 알려지지 않았던 중요한 것을 찾아내 알게 함'이란 뜻도 있어요. '신인 발굴'로 쓸 때가 그래요. 참고로 '미처 찾아내지 못했거나 아직 알려지지 않은 사물이나 현상, 사실 따위를 찾아냄'은 '발견'이에요.

부장품 (버금 副 + 장사지낼 葬 + 물건 品)

장사 지낼 때, 시체와 함께 묻는 물건.

→ 무덤에는 그릇, 악기, 무기 등을 작은 모형으로 만든 '명기'를 **부장품**으로 넣기도 했어요.

죽은 사람을 묻을 때 함께 넣던 물건을 말하며, 다른 말로 '껴묻거리'라고 해요. 죽은 사람에게 입히는 옷, 꾸미는 장신구뿐만 아니라 살아 있을 때 아끼던 물건도 함께 넣어 줘요.

소장하다 (바 所 + 감출 藏)

자기의 것으로 지니어 간직하다.

→ 고구려의 금동불인 '금동 연가 7연명 여래 입상'은 국립 중앙 박물관이 **소장하고** 있어요.

'귀한 물건이나 작품, 유물, 희귀한 서적 등을 간직하고 있다'는 뜻으로 쓰여요. 개인이 가지고 있던 문화재나 미술 작품을 공공 기관에 기부해서, 많은 사람이 볼 수 있게 하기도 해요.

 이런 뜻이 있어요

보수 (기울 補 + 닦을 修)
낡거나 부서진 것을 손보아 고침.

→ **보수**와 복원 작업을 거친 '익산 미륵사지 석탑'이 드디어 모습을 드러냈어요.

복원 (회복할 復 + 으뜸 元)
사물을 원래 상태로 되돌림.

→ 요즘은 디지털 기술로 문화재를 **복원**해 가상 공간에서 체험할 수 있게 해요.

'보수'는 낡은 걸 보충해서 고치는 거예요. 비슷한 말로 '수선', '손질'이 있어요. '복원'은 망가진 걸 원래 모습으로 만들어 놓는 거예요. 문화재에서는 '심각하게 망가지거나 훼손된 것을 원형에 가깝도록 보충하고 보수하는 것'을 '복원'이라고 해요.

보존하다 (지킬 保 + 있을 存)
잘 보호하고 지켜서 남기다.

→ 간송 전형필은 우리 문화재를 **보존하고** 유지하기 위해 노력했어요.

이 말은 지켜서 남아 있게 하는 거예요. '문화재를 보존하다', '종족을 보존하다' 등으로 써요. 비슷한 말 '보전하다'는 '온전하게 보호하고 유지하다'를 뜻하며, 다음 세대도 함께 행동해 나가자는 의미가 숨어 있어요.

어맛! 역사가 보이는 **한국사 어휘 퀴즈**

※ 아래 빈칸에 어울리는 말을 고르세요.

❶ 박물관이나 미술관에서는 유물의 보호를 위해 ☐☐☐을 전시하기도 해요.

힌트 1 '본디의 것과 똑같이 본떠 만든 물품'이에요.
힌트 2 비슷한 말로는 '다른 물건을 본떠 만든 물건'이란 뜻의 '모조품'이 있어요.

① 기성품
② 복제품
③ 소지품

❷ 경주의 금관총에서는 금으로 만든 ☐☐☐가 출토됐어요.

힌트 1 '몸치장을 하는 데 쓰는 물건'이에요.
힌트 2 금관, 허리띠, 귀고리, 팔찌 등을 말해요.

① 장신구
② 자치구
③ 손절구

마애 여래
(갈 磨 + 벼랑 崖 + 같을 如 + 올 來)
자연 암벽이나 벼랑에 새겨 넣은 부처 그림을 이르는 말.

→ 서산 용현리의 가야산에 가면 미소 짓는 '마애 여래 삼존상'을 볼 수 있어요.

반가 사유상
(반 半 + 책상다리할 跏 + 생각할 思 + 생각할 惟 + 모양 像)
반만 책상다리한 채 생각하는 모습의 불상.

→ '금동 미륵보살 반가 사유상'을 볼 때마다 무슨 생각에 빠져 있을까 궁금해져요.

'마애'는 '바위에 그림이나 글자를 새김'이란 뜻이고, '여래'는 '세상의 얽매임에서 벗어나 진리를 깨달은 사람'으로, '부처'를 달리 부르는 말이에요. 따라서 '마애 여래'는 바위에 새긴 부처상을 뜻하지요.

'반가'는 '반가부좌'의 줄임말로, 한쪽 다리를 다른 쪽 허벅다리 위에 올려놓고 수행하는 자세예요. '사유'는 '생각하고 궁리함'을 뜻해요. 이 불상들은 삼국 시대에 많이 만들어졌어요.

대향로
(큰 大 + 향기 香 + 화로 爐)
향을 피우는 커다란 화로.

→ '백제 금동 대향로'는 백제인의 정교하고 탁월한 예술 솜씨를 보여 줘요.

'향'은 제사를 지내거나 의식을 치를 때 불에 태워 냄새를 나게 하는 것으로, 향나무가 주재료예요. 향을 피울 때 쓰는 그릇이 바로 '향로'예요. 보통 향로는 크기가 자그마한데, 그 크기가 큰 걸 '대향로'라고 해요.

 이런 뜻이 있어요

석굴암 (돌 石 + 굴 窟 + 암자 庵)
화강암을 쌓아 올려 동굴처럼 만든 통일 신라 시대의 대표 절.

→ **석굴암**은 건축술과 예술성이 높이 평가되어 유네스코 세계 문화유산으로 등재되었어요.

'석굴암'은 300여 개의 돌을 쌓아 만든 인공 동굴 안에 석가모니를 조각한 본존불을 모셔 놓고 여러 불상을 조각해 놓았어요. 과학적이고 정교한 방법으로 건축한 데다 빼어난 아름다움을 지니고 있어서 불교 예술의 걸작으로 꼽혀요.

범종 (범어 梵 + 쇠북 鍾)
절에 매달아 놓고, 대중을 모이게 하거나 시각을 알리기 위하여 치는 커다란 종.

→ **범종** 중에는 '에밀레종'이라고 불리는 '성덕 대왕 신종'이 유명해요.

경전 (경서 經 + 법 典)
종교의 가르침과 이치를 적은 기록이나 책.

→ 《무구정광대다라니경》은 불국사 삼층 석탑을 보수하던 중에 발견된 목판 인쇄 **경전**으로, 세계에서 가장 오래됐어요.

'범종'은 불교에서 쓰이는 중요한 도구 중 하나예요. 웅장하고 청명한 종소리를 들으며 사람들이 복잡한 생각과 고통을 잊고 참회하도록 하는 역할을 했지요.

'경전'은 종교의 이치와 원리를 적은 책으로 종교마다 각자의 경전이 있어요. 《무구정광대다라니경》은 '순수하고 깨끗한 주문이 들어 있는 경전'이란 뜻의 불경이에요.

어맛! 역사가 보이는 **한국사 어휘 퀴즈**

※ 아래 빈칸에 어울리는 말을 고르세요.

❶ 발해의 기와에 새겨진
☐☐☐☐ 를 통해 고구려 양식의
영향을 받았음을 알 수 있어요.

힌트 1 '진흙 속에서도 더럽혀지지 않는 꽃'이라 하여 불교의 상징으로 쓰여요.
힌트 2 한자로 '연화문'이라고 해요.

① 연꽃무늬
② 빗살무늬
③ 격자무늬

❷ <☐☐☐>는 경주 천마총 안에서 나온
'하늘을 나는 말 그림'이에요.

힌트 1 자작나무로 만든 말다래에 그려져 있어요.
힌트 2 유일하게 남아 있는 신라의 그림이에요.

① 천마도   ② 초충도   ③ 미인도

이런 뜻이 있어요

상감 청자 (형상 象 + 박아 넣을 嵌 + 푸를 靑 + 오지그릇 磁)
상감 기법을 이용해 무늬를 넣어 구운 푸른빛이 도는 도자기.

→ **상감 청자**는 고려의 독창적인 도예 기술을 보여 주는 것으로 '고려청자'라고도 해요.

'상감'은 '금속이나 도자기 표면에 무늬를 새긴 다음 금, 은, 자개 등을 박아 넣는 기법'이에요. 고려에서는 이 방법을 도자기에 적용해 '상감 청자'를 만들었어요. 그릇 표면에 무늬를 새기고, 다른 색의 흙을 메운 다음 광택을 내는 유약을 발라 구워요. 그러면 푸른빛을 띠게 되지요.

활자 (살 活 + 글자 字)
네모기둥 모양의 금속이나 나무 윗면에 문자나 기호를 볼록 튀어나오게 새긴 것.

→ 고려 시대 《직지심체요절》은 금속 **활자** 인쇄본 중 가장 오래되었어요.

사대문 (넉 四 + 큰 大 + 문 門)
조선 시대, 한양 도성의 동서남북에 세운 4개의 성문.

→ 조선 시대에는 매일 밤 10시경, **사대문**을 닫고 통행금지를 했어요.

'활자'는 '인쇄에 쓰는 글자 모형'이에요. 나무로 만들면 '목판 활자', 금속이 재료이면 '금속 활자'라고 해요. 이 활자들을 판에 잘 맞추어 먹을 묻혀 글자를 찍어 내는 과정이 '인쇄'예요.

조선 시대에는 한양 둘레에 성곽을 쌓고 4개의 대문을 세웠어요. 동쪽 '흥인지문', 서쪽 '돈의문', 남쪽 '숭례문', 북쪽의 '숙정문'이에요. 이들 이름은 유교의 덕목인 '인의예지신'에서 땄어요.

169

 이런 뜻이 있어요

어진 (거느릴 御 + 참 眞)
왕의 얼굴을 그린 그림이나 사진.

→ **어진**은 당대 최고의 화공들을 동원해 그렸어요.

'어진'은 '왕의 초상화'예요. 임금과 관련된 어휘에는 '거느릴 어(御)'가 많이 들어갔어요. 예를 들어, '임금의 명령'은 '어명', '임금의 병을 치료하던 의원'은 '어의', '임금의 심부름을 하던 사람'을 '어사'라고 했지요.

칠정산 (일곱 七 + 정사 政 + 계산 算)
우리나라 실정에 맞게 만든 달력 계산법 책.

→ 세종 대왕은 집현전 학자들과 함께 우리나라 실정에 맞는 역법서 《**칠정산**》을 편찬했어요.

묘사하다 (그릴 描 + 베낄 寫)
어떤 대상이나 사물 등을 언어로 표현하거나 그림으로 그려서 나타내다.

→ 신사임당은 〈초충도〉에서 풀과 곤충을 섬세하고 부드럽게 **묘사했어요**.

'칠정'은 '해, 달, 화성, 수성, 목성, 금성, 토성'을 가리켜요. 해, 달과 더불어 5개 행성의 움직임을 계산하는 법을 담은 책이 《칠정산》이에요. 천체의 움직임과 위치를 파악해서 시간을 예측할 수 있도록 한 것으로 '칠정력'이라고도 해요.

'묘사하다'는 대상을 글이나 그림으로 구체적으로 나타내는 거예요. 비슷한 말로 '표현하다', '묘출하다'가 있어요. 가끔 '사물을 형체 그대로 그리거나 원본을 베껴 쓰다'의 뜻인 '모사하다'와 헷갈리는데, 구별해서 알아 두세요.

어맛! 역사가 보이는 **한국사 어휘 퀴즈**

유물과 유적

※ 아래 빈칸에 어울리는 말을 고르세요.

❶ ☐☐☐ 는 2시간마다 십이지 신의 인형이 종과 북을 울려 시각을 알려 주었어요.

힌트 1 '스스로 종을 쳐서 시각을 알려 주는 물시계'란 뜻이에요.
힌트 2 세종의 명으로 장영실과 김빈 등이 만들었어요.

① 마천루　　② 신기루　　③ 자격루

❷ 세종은 ☐☐☐ 를 전국에 설치하고 비의 양을 재어 보고하도록 했어요.

힌트 1 다른 나라보다 200년 앞서 만들어졌어요.
힌트 2 무쇠로 만든 둥근 통 모양이에요.

① 측우기
② 측정기
③ 경운기

소실되다 (사를 燒 + 잃을 失)
불에 타 사라지다.

→ 화재로 **소실되었던** 숭례문은 복원을 거쳐 2013년에 완공되었어요.

'소실되다'는 '불에 타 없어지다'의 뜻이고, '전소되다'는 '전부 타 버리다'예요. 전쟁이 일어나면 나라의 문화재들이 불에 타는 일이 많았어요. 조선 시대에는 임진왜란으로 경복궁이 소실되었다가 고종 때 흥선 대원군이 재건했어요.

행궁 (갈 行 + 집 宮)
임금이 나들이 때에 머물던 별궁.

→ 병자호란 때 인조는 남한산성의 **행궁**에 머물렀어요.

'행궁'은 '왕이 지내던 궁궐을 떠나 임시로 머물던 장소'로, '이궁'이라고도 해요. 왕이 휴양을 하거나, 전쟁이 났을 때 피란처로 쓰기도 했어요. 정조 때 마련한 화성 행궁은 조선 시대 행궁 중 규모와 시설이 가장 컸어요.

나전 칠기 (소라 螺 + 비녀 鈿 + 옻 漆 + 그릇 器)
광채가 나는 조개껍데기 조각을 여러 모양으로 박아 넣거나 붙인 공예품.

→ **나전 칠기**는 보석함부터 장롱까지 다양한 도구로 만들어졌어요.

'나전 칠기'는 '옻칠한 그릇이나 가구의 표면에 조개껍데기를 얇게 붙여 넣어 만든 물건'이에요. 다른 말로는 '자개박이'라고 해요. 작은 함부터 장롱까지 화려하고 고급스러워서 외국인에게 인기가 많았어요.

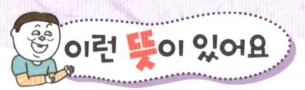

유출되다 (흐를 流 + 날 出)

귀한 물품이나 정보 따위가 불법적으로 나라나 조직의 밖으로 나가 버리다.

→ 세계 최초의 금속 활자본인 《직지심체요절》은 병인양요 때 프랑스 외교관이 구매해서 해외로 **유출되었어요**.

이 말은 '밖으로 흘러 나가다'의 뜻으로, 자국의 산업 정보나 문화재 등이 외국에 불법적으로 나가는 것에도 쓰여요. 문화재의 경우, '운반되어 나가다'를 뜻하는 '반출되다'란 말도 많이 써요.

반환 (돌아올 返 + 돌아올 還)

빌리거나 차지했던 것을 되돌려줌.

→ 해외 문화재 **반환** 운동은 정부와 민간이 함께 노력해야 해요.

환수 (돌아올 還 + 거둘 收)

도로 거두어들임.

→ 혜초가 쓴 《왕오천축국전》은 개인이 구매한 것이라 **환수**가 어려워요.

어떤 집단이나 사람이 빌리거나 빼앗아 간 것을 원래 주인에게 돌려주는 거예요. 비슷한 말에는 '반납'이 있어요. 대부분 빼앗아 간 문화재를 반환하려 하지 않아서 갈등이 생기곤 해요.

'환수'는 '돈이나 물건을 다시 가져오는 것'으로, 비슷한 말로는 '회수'가 있어요. 문화재 환수는 불법적인 과정에서 유출된 문화재를 원래 소유했던 나라가 돌려받는 거예요.

어맛! 역사가 보이는 **한국사 어휘 퀴즈**

※ 아래 빈칸에 어울리는 말을 고르세요.

❶ 《☐☐》는 조선 시대의 왕실과 나라의 행사를 생생하게 기록한 책이에요.

힌트 1 외규장각 도서 중 하나로, 프랑스에서 약탈해 갔어요.
힌트 2 2011년, 프랑스에서 5년마다 빌리는 형식으로 우리나라에 돌아왔어요.

① 의궤 ② 의복 ③ 의자

❷ ☐☐는 조선 시대에 널리 쓰인 흰색 도자기예요.

힌트 1 순백색의 바탕흙 위에 투명한 유약을 발라 구웠어요.
힌트 2 조선 시대 사대부들이 좋아했어요.

① 청자
② 백자
③ 맹자

가로 풀이

① 앞 전 세대의 인류가 후세에 남긴 물건.
② 고대에 만들어진 오래된 무덤.
④ 조선 시대에 범죄자를 잡거나 다스리는 일을 맡아보던 관아. 목구멍이 ◯◯◯.
⑥ 콧구멍에 콧물과 먼지가 섞여 말라붙은 것.
⑧ 잉크를 사용하여 판면에 그려진 글이나 그림 따위를 종이, 천 따위에 박아 냄.
⑨ 발이 여덟 개이며 빨판이 있는 연체동물.
⑪ 어떤 범죄를 저지른 바로 그 사람.
⑭ 세종 때 물이 흐르는 것을 이용하여 스스로 소리를 나게 해서 시간을 알리도록 만든 물시계.
⑮ 뱀의 다리. 쓸데없는 군짓을 하여 도리어 잘못되게 함을 이르는 말.
⑰ 건물이나 시설 따위의 낡거나 부서진 것을 손보아 고침.

세로 풀이

① 국제 연합 전문 기관의 하나. 교육, 과학, 문화의 보급과 국제 교류 증진을 통한 국제간의 이해와 세계 평화를 추구함.
③ 사물이 여기저기 흩어져 퍼져 있음.
⑤ 푸른 빛깔의 도자기. 고려 시대에 사랑받음.
⑦ 조선 시대에 건립한 한양 도성의 동쪽 정문. 동대문이라고도 함.
⑩ 왕의 얼굴을 그린 초상화나 사진.
⑫ 절에 매달아 놓고, 대중을 모이게 하거나 시각을 알리기 위하여 치는 종.
⑬ 인쇄에 쓰는 글자 모형.
⑯ 한 집안의 계통과 혈통 관계를 적어 기록한 책.
⑱ 사냥하는 모습을 그린 그림.

① 30쪽

①청	동	❷기		③전	④성	기
소		원			골	
년		⑤전	깃	줄		⑩신
	❻안			⑪파		랑
	시		⑫화	랑	도	
⑦이	성	❽계				⑬서
		⑨백	제		⑭업	적

② 52쪽

①장	보	❷고		④거	문	⑤고
수		❸민	심			려
	❻독			⑨선	⑩발	
	서				⑪해	⑫동
⑦후	삼	국				맹
	품		⑬우	⑭호	적	
⑧교	과	서			족	

③ 76쪽

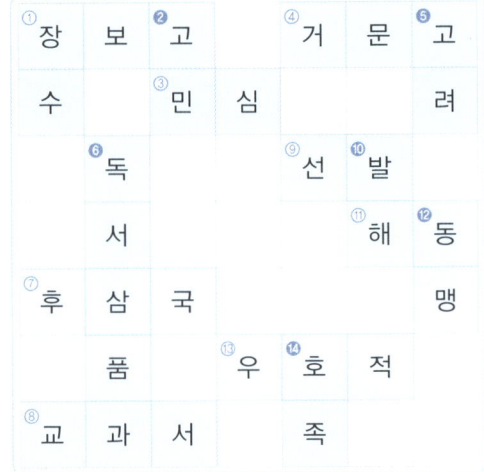

④ 98쪽

5 120쪽

6 152쪽

7 176쪽

어휘 찾아보기

ㄱ

가담하다 … 84
가야금 … 35
강화 … 73
강화도 조약 … 115
개국파 … 79
개척하다 … 66
개편하다 … 24
개항 … 114
개혁안 … 42
개화 … 114
거사 … 84
거푸집 … 13
건국 … 15
검열 … 134
격파하다 … 66
견제하다 … 46
견해 … 95
결렬 … 65
경전 … 166
계몽하다 … 126
계승하다 … 46
고려 … 51
고분 … 158
고인돌 … 17
골품제 … 27
공신 … 79
과감하다 … 110
과거 … 59
관심법 … 51
관혼상제 … 87
광복 … 137
교류 … 34
교역 … 34

교착 … 142
구석기 시대 … 11
굴욕적 … 96
귀감 … 89
규장각 … 103
근대화 … 117
기상 … 45
기원전 … 12
기원후 … 12
김구 … 139
김만덕 … 107

ㄴ

나당 연합군 … 37
나전 칠기 … 173
나태하다 … 24
남침 … 138
냉전 … 141
노략질 … 74
노비안검법 … 59
눈엣가시 … 74

ㄷ

단절하다 … 96
담판 … 65
답사하다 … 106
대왕 … 83
대접하다 … 57
대첩 … 21
대향로 … 165

덩이쇠 … 35
도량형 … 118
도읍 … 16
도화선 … 145
독도 … 97
독립 선언서 … 131
독립문 … 119
독자적 … 61
독재 … 147
돌입하다 … 37
동맹 … 33
동요하다 … 49
동의보감 … 97
등재되다 … 158
등한시하다 … 92

ㅁ

마애 여래 … 165
만장일치 … 28
만파식적 … 39
만행 … 118
말살 … 134
망명하다 … 129
모순 … 49
모의하다 … 69
묘사하다 … 170
묘청 … 67
무단 통치 … 129
무령왕릉 … 159
무자비하다 … 129
무장 투쟁 … 125
문란 … 109

180

문맹 … 138
문물 … 23
문벌 … 62
문화유산 … 157
민주주의 … 147
밀고 … 117

ㅂ

박사 … 25
박해하다 … 102
반가 사유상 … 165
반란 … 42
반박하다 … 134
반발하다 … 80
반포하다 … 83
반환 … 174
발굴하다 … 161
발해 … 45
배척하다 … 95
백자 … 175
번복하다 … 145
범종 … 166
벽란도 … 75
변절하다 … 133
변질되다 … 101
별무반 … 67
보급하다 … 42
보부상 … 107
보수 … 162
보장하다 … 150
보존하다 … 162
복원 … 162

복제품 … 163
볼모 … 58
봉기 … 109
봉수 … 91
부역 … 87
부장품 … 161
분단 … 141
분포 … 158
붕당 … 101
비상사태 … 149

ㅅ

사대문 … 169
사대하다 … 91
사심관 … 58
사절단 … 96
삼강오륜 … 88
삼별초 … 71
상감 청자 … 169
상경 … 47
석가탑 … 43
석굴암 … 166

석빙고 … 43
선덕 여왕 … 39
선발 … 38
선사 시대 … 11
세도 정치 … 109
세습하다 … 62
소실되다 … 173
소장하다 … 161
소탕하다 … 41
쇠퇴기 … 19
수교하다 … 113
수라 … 75
수렵도 … 159
수립되다 … 130
숙청하다 … 80
순교 … 29
순국 … 127
순수비 … 28
숭배하다 … 16
시무 28조 … 63
시조 … 15
신라 … 27
신라방 … 41
신분 … 27
신석기 시대 … 11

신진 사대부 … 81
신탁 통치 … 137
신화 … 15
실학 … 102
쌍벽 … 105

암행어사 … 110
약탈하다 … 113
양반 … 87
어진 … 170
업적 … 20
연꽃무늬 … 167
연등회 … 63
연맹 … 33
열강 … 114
열사 … 126
완공되다 … 102
완수하다 … 38
왜곡하다 … 133
우대하다 … 58
우호적 … 50
위안부 … 135
위조하다 … 106
유목민 … 70
유물 … 157
유민 … 45
유신 … 146
유역 … 23
유인하다 … 130
유적 … 157

유출되다 … 174
유해 … 127
유행 … 73
육의전 … 88
율령 … 21
은폐하다 … 149
을사늑약 … 125
의거 … 131
의궤 … 175
의병 … 93
의사 … 126
이간질 … 133
이바지하다 … 150
이산가족 … 143
이육사 … 135
일제 강점기 … 125
임용 … 38

자격루 … 171
장려하다 … 57
장신구 … 163
장악하다 … 20
장영실 … 85
쟁탈전 … 69
전기수 … 106
전성기 … 19
전파하다 … 23
정벌 … 19
정변 … 69
정비하다 … 61

정약용 … 103
정전 … 142
제헌절 … 139
조공하다 … 73
조선왕조실록 … 85
종사하다 … 88
주도하다 … 34
주모자 … 130
중건하다 … 110
중립 … 95
즉위하다 … 37
즉흥적 … 105
지방 자치제 … 151
지배자 … 16
직선제 … 150
진격하다 … 142
진출하다 … 24

창간 … 119
창시하다 … 117
창제 … 83
채집 … 13
척화비 … 115
천마도 … 167
첨성대 … 29
청동기 시대 … 12
청산하다 … 118
총선거 … 138
추대하다 … 33
추모 … 149

축조 … 66
출세하다 … 74
출토 … 46
충무공 … 92
충효 … 80
측우기 … 171
친선 … 65
칠정산 … 170

ㅋ

쿠데타 … 146

ㅌ

타도 … 145
탐관오리 … 111
탕평책 … 101
통상 … 113

ㅍ

파견하다 … 61
팔만대장경 … 71
편찬하다 … 84
평화 … 151
포로 … 70
포용하다 … 57
품앗이 … 89
풍수지리설 … 50
풍자하다 … 105
피란 … 92

ㅎ

학도병 … 141
학익진 … 93
함락하다 … 20
항쟁 … 70
해동성국 … 47
해방 … 137
해상권 … 41

행궁 … 173
향리 … 62
혁명 … 146
호족 … 49
호패 … 81
홍길동전 … 111
홍익인간 … 17
화랑도 … 28
환수 … 174
활자 … 169
황산벌 … 25
회군 … 79
회유책 … 91
후삼국 시대 … 50
휴전선 … 143

183

말맛이 살고 글맛이 좋아지는
어맛! 한국사 어휘 맛집

1판 1쇄 발행 2021년 8월 16일
1판 6쇄 발행 2024년 12월 30일

글　　　　홍옥
그　　림　뿜작가

펴 낸 이　김유열
디지털학교교육본부장　유규오
출판국장　이상호
교재기획부장　박혜숙 | **교재기획부**　장효순

책임편집　홍옥
디 자 인　김수인
인　　쇄　명진씨앤피

펴 낸 곳　한국교육방송공사(EBS)
출판신고　2001년 1월 8일 제2017-000193호
주　　소　경기도 고양시 일산동구 한류월드로 281
대표전화　1588-1580
이 메 일　ebsbooks@ebs.co.kr
홈페이지　www.ebs.co.kr

I S B N　978-89-547-5911-3　74700
　　　　　978-89-547-5398-2 (세트)

ⓒ 2021, EBS·홍옥·뿜작가

이 책은 저작권법에 따라 보호받는 저작물이므로 무단 전재 및 무단 복제를 금합니다.
파본은 구입처에서 교환해 드리며, 관련 법령에 따라 환불해 드립니다. 제품 훼손 시 환불이 불가능합니다.